# 古典文獻研究輯刊

## 三七編

潘美月・杜潔祥 主編

# 第 8 冊

## 《唐律疏議》問答體疏證研究

馮 煒 著

國家圖書館出版品預行編目資料

《唐律疏議》問答體疏證研究／馮煒 著 -- 初版 -- 新北市：
花木蘭文化事業有限公司，2023〔民 112〕
目 4+172 面；19×26 公分
（古典文獻研究輯刊 三七編；第 8 冊）
ISBN 978-626-344-471-3（精裝）
1.CST：唐律疏議 2.CST：法律 3.CST：研究考訂 4.CST：唐代
011.08                                    112010510

ISBN-978-626-344-471-3

古典文獻研究輯刊
三七編　第 八 冊　　　　　　　ISBN：978-626-344-471-3

## 《唐律疏議》問答體疏證研究

作　　者　馮　煒
主　　編　潘美月、杜潔祥
總 編 輯　杜潔祥
副總編輯　楊嘉樂
編輯主任　許郁翎
編　　輯　張雅淋、潘玟靜　美術編輯　陳逸婷
出　　版　花木蘭文化事業有限公司
發 行 人　高小娟
聯絡地址　235 新北市中和區中安街七二號十三樓
　　　　　電話：02-2923-1455 ／傳真：02-2923-1452
網　　址　http://www.huamulan.tw 信箱 service@huamulans.com
印　　刷　普羅文化出版廣告事業
初　　版　2023 年 9 月
定　　價　三七編 58 冊（精裝）新台幣 150,000 元

# 《唐律疏議》問答體疏證研究

馮煒 著

## 作者簡介

馮煒（1971～），吉林大學教師，博士，主要從事歷史文獻學、漢語言文字學研究。在學術期刊發表《〈唐律疏議〉問答體疏證正反問句結構類型》、《〈唐律疏議〉問答體疏證特指問句探析》等多篇學術論文。

## 提　　要

　　《唐律疏議》是唐代的刑法典。自商鞅改法為律後，中國古代成文法一直以律為主，律也是歷代立法的重點。唐之前歷代律典均未完整保存下來，而唐律中的《永徽律》及其立法解釋、司法解釋即今傳《唐律疏議》，完整地保存到了現代，是中國現存最早、最完整、也是中華法系最具代表性的封建法典，亦是封建法制臻於成熟和定型的標誌。

　　《唐律疏議》由律文（含注文）及律疏組成，律疏對律文及注文逐句逐條進行立法解釋與司法解釋，這種解釋屬有權解釋，即律疏與律條具有同等的法律效力。《唐律疏議》法律解釋的基本手段為訓詁，作為律學訓詁的典範性著作，《唐律疏議》不僅在中國法制史與律學史上意義重大，漢語史、語言學史領域也有重要的研究價值。

　　《唐律疏議》主要的律學訓詁方式之一為法律問答體，以「問曰」、「答曰」的形式虛擬對話，預設司法實踐中的疑難案例，並給以詳盡解析，這種問答體疏證共出現 178 處。本文首先對問答體疏證問式與答式的語篇結構、問答的會話合作原則與會話結構進行分析，並將重點放在問答體疏證訓詁特點的研究上，從微觀角度深入問答體疏證內部，探討其訓釋內容、訓釋程序、方法、用語等，歸納特點，總結規律。

目

次

# 第 1 章　緒　論

## 1.1　《唐律疏議》編撰與成書

### 1.1.1　編　撰

　　《唐律疏議》是唐代的刑法典，立法縝密、內容完善、律條精簡、疏解周備，集唐前立法之大成，開唐後立法之先河，是中國現存最早、最完整、也是中華法系最具代表性的封建法典，亦是封建法制臻於成熟和定型的標誌。

　　唐代的國家法體系主要由律、令、格、式四部分組成。《唐六典‧刑部》明確指出：「律以正刑定罪，令以設範立制，格以禁違止邪，式以軌物程事。」即律指刑律，性質基本屬於刑法範疇；令、格、式主要是行政性、事務性法規，其中令主要是關於國家機關組織編制及國家行政活動制度的法規；格是以禁止性規範為主體的單行法規；式是國家行政事務的具體操作程序、公文的格式。

　　自商鞅改法為律後，中國古代成文法一直以律為主，律也是歷代立法的重點。唐以前的歷代律典均已散失，而唐律中的《永徽律》及其立法解釋、司法解釋即今傳《唐律疏議》，完整地保存到了現代。

　　唐朝在建國初期仍然沿用隋朝開皇三年的舊律，至唐高祖武德年間始，幾代統治者先後制定《武德律》、《貞觀律》、《永徽律》、《開元律》、《大中刑法統類》等幾部重要律典，《武德律》於《開皇律》基礎上有所損益，後律均在前律基礎上修撰。唐代律典除《永徽律》及其《律疏》外，其餘均未得以傳世。

劉俊文（1999）指出，唐律因隋《開皇律》而來，隋《開皇律》兼採北齊律、後周律及梁律成之，北齊、後周律源於後魏律，而後魏律與梁律同出晉律，晉律係改自漢、魏律，「漢承秦制」，秦律則脫胎於戰國李悝的《法經》。因此，唐律可以說集歷代律典之大成、匯歷代立法之精華，在中國法制史乃至世界法制史上的意義都是十分重大的。

《永徽律》於唐高宗永徽二年（651年）頒行，由太尉長孫無忌、司空李勣、左僕射于志寧等人奉敕編撰而成，律典由律條與注組成。律文內容涉及社會生活的各個領域，注文基本是對律條法律術語與內容的簡單注釋。

因律文及注文簡約，恐有疑難、模糊之處，為明晰律意、避免理解與適用上發生分歧，永徽四年又頒布了由唐律的制定者長孫無忌等主持編撰的《律疏》，意在通過「義疏」的形式對刑律進行統一的立法解釋與司法解釋。這種立法者同時編撰律疏的傳統始於秦代，秦代立法者在發布法律的同時又發布了關於本部法律的答問，至漢代立法者延續了這個傳統，如應劭在制定法律的同時又撰寫解釋法律的《律本章句》，後代就逐漸形成了立法者同時編撰律疏的傳統。唐律的律疏對律文與注文逐句逐條進行解釋，解釋的文字就插寫在律條與注文的中間與結尾，以律、注、疏一體的形式頒行。這種解釋屬於有權解釋，即疏與律、注具有同等的法律效力，各級執法者可以直接援引《律疏》進行審斷。同時由於立法者參與法律解釋，官修詔頒，國家統一支配法律解釋工作，也便於立法與解釋的權威、標準、一貫、統一，對於維護封建剝削制度和以皇權為核心的專制主義的中央集權的國家制度是十分有利的。

「律疏」以低一格的形式用「疏」字注明，並以「議曰」、「問曰」、「答曰」做解釋的發語詞，這種「疏議曰」的寫法，宋元之後，「疏」與「議曰」之間的句讀關係逐漸被忽略，律疏部分被稱為「疏議」，整個《永徽律》及其「律疏」被稱為「唐律疏議」，與「唐律疏義」的書名並行，「唐律疏議」名稱的使用要更普遍一些。錢大群（2007）主張使用「唐律疏義」的稱謂，認為這個稱謂符合唐代長孫無忌等人為《律》撰「義疏」的初衷。本文依然沿用通行的「唐律疏議」這一書名。

關於疏議的功能，何勤華（2000）指出，《唐律疏議》編撰的目的，在於使過於簡約的唐律本文得到補充和詮釋，使其在實施過程中遇到的疑難分歧問題，以及「律學未有定疏，每年所舉明法，遂無憑準」（《舊唐書·刑法志》）的問題獲得解決。因此，《唐律疏議》的基本特徵就是對唐律律文進行

周密、系統、完整的解釋。大體而言，在《唐律疏議》中，唐律的律文只占全部篇幅的 20%，而疏議則佔了 80%。而且，正是這 80%的疏議，是中國古代律學之精華的體現。它集中了以往各代法律解釋學的成果，博引各家經典，對律文逐條逐句進行解釋，闡明文義，析解內涵，敘述法理，補充不周不備之處，並設置問答，解釋疑義，從而豐富了律文的內容及其法理的色彩，建立起了一個律學的體系，使中國古代律學達到了最高的水平。僅就對律文的解釋而言，在《唐律疏議》中，就已經對前朝律學作出諸多創新，出現了限制解釋、擴張解釋、類推解釋、舉例解釋、律意解釋、辨析解釋、逐句解釋、答疑解釋和創新解釋等多種解釋方法。

　　《唐律疏議》顯示了中國古代律學發展的重要成就。律學即中國古代的法學，又稱「刑名之學」、「刑學」，律學的一項重要內容就是進行立法解釋與司法解釋。我國對法律的解釋由來已久，戰國時期的「法官」就有解答法律詢問的職責：「郡縣諸侯一受齎來之法令，學問其所謂。吏民欲知法令者，皆問法官。」（《商君書‧定分》）1975 年湖北雲夢睡虎地秦墓出土的法律竹簡中，有 210 支簡的內容是有關法律條文的解釋，有的直接解說，有的採取問答的方式。西漢時期，「董仲舒提倡『《春秋》決獄』，開創了用儒家經義解釋法律與審斷案件的先河，直接推動了東漢『經義解律』的盛行。當時被皇帝認可的『鄭氏章句』實際就是漢律的有權解釋本。到了晉朝，西晉的張斐、杜預『兼採漢世律家諸說之長』，對法律作專門的解釋，史稱『張杜解律』、『張杜律注』。」（錢大群 2000）唐代法律解釋的形式出現了新特點，與現代法律解釋不同，現代法律解釋基本都在法律條文之外進行，另行頒布，而唐代的法律解釋附於律條與注文之下，律、注、疏統一於一典之內。唐代的律學實際也已在一定程度上擺脫經學附庸地位，「律疏」部分解釋法律術語、疏通文意、闡發法律思想，並補充律條之規定不完備不詳盡處，同時預設司法實踐中之疑難案例，設置問答辨異析疑。也就是說，律疏不僅僅單純地解釋律文，還進行補充，擴大了律條的適用範圍，起到了增修刑律的作用。因此「這種解釋不是律義的簡單重複，而是律文在同一方向上的發展。它不僅體現了中國古代法學的優良傳統，也適應了唐代司法實踐的需要，不但使唐律的『典式』大明，也使律疏本身成為唐律不可分割的組成部分，具有了與唐律『並行』的國家法典的性質。」（劉俊文 1996）

　　《唐律疏議》法律解釋的基本手段是訓詁，因此不僅在中國法制史與律學

史上意義重大，漢語史、中國語言學史領域也有重要的研究價值。已有學者指出：「《唐律疏議》是一部法典，但注文、疏文、又顯示其是一部律學、應用訓詁學實踐的專書，這種律學與訓詁學緊密結合的交叉性特點，能很好地體現法律與語言、法律解釋與訓詁訓釋的緊密關係」。（王東海 2007）同時因專科訓詁「所研究的問題，往往是某一專科，並且不以語言文字為終極目的」（王寧 1996），所以將各專科領域有特點的訓詁體例進行描寫與總結，與傳統的經學訓詁、史學訓詁對照、補充，是有必要與有意義的。

因此我們選擇《唐律疏議》研究其專科訓詁的訓釋體例與問答體疏證的結構、方法等，可以補充應用訓詁學理論，通過探討古代律學這類專科訓詁（律學訓詁）的特點，以豐富、拓展傳統經學訓詁的研究視域。

## 1.1.2 版 本

《唐律疏議》完整的唐寫本原始文獻已失傳，僅存有少量敦煌、吐魯番寫本殘卷。就目前所見，《唐律疏議》主要有三個版本系統傳世，其一是滂喜齋本系統，包括殘宋本、元大字本、元刻本、清蘭陵孫氏覆宋抄本以及四部叢刊本，是現存最古的版本，可能刻於南宋後期。其二是元至正本系統，包括元至正十一年（1351 年）崇化（福建省建陽縣）余志安勤有堂刻本、清嘉慶十三年孫星衍刊岱南閣叢書本等。其三是日本文化本系統，即日本文化二年官版本，該本通常被稱為荻生北溪校訂本或物官本。劉俊文（1999）認為，「至正本系統和文化本系統共同的祖本可能是元泰定本」。現在國內學者主要使用的版本是北京大學劉俊文的點校本，劉本參考中外諸版本，並結合敦煌、吐魯番文書中的唐律殘卷進行校注，由中華書局 1983 年出版、法律出版社 1999 年再版。本研究即以法律出版社 1999 年版劉俊文點校《唐律疏議》為基本語料來源，同時參考劉俊文《唐律疏議箋解》、曹漫之《〈唐律疏議〉譯注》、錢大群《唐律疏義新注》。

## 1.1.3 地位與影響

《唐律疏議》頒布實施後，直接影響唐後各個封建朝代的法律制定與法律解釋，並曾經波及整個古代東亞，對當時的一些亞洲國家如蒙古、朝鮮、日本、越南、琉球群島等的立法產生了廣泛影響。各代學人亦給予了高度評價。

清末中國著名法學家沈家本（1985）在《歷代刑法考‧刑制總考四》中

說：「後代治律之士莫不以唐為法，世輕世重，皆不能越其範圍……」現代學者楊延福（1982）認為：「《唐律》及其《疏議》，集封建法律之大成，在中國法制史上承上啟下，影響深遠。」「它總結了以往各朝代的立法經驗及其司法實踐，使之系統化和周密化，成為維護封建經濟基礎、上層建築和調整各方面社會關係的法律規範。因此，歷代『承用不廢』，又成為五代、宋、元、明、清編制和解釋律例的藍本。」劉俊文（1999）指出：「從法學研究的角度看，《唐律疏議》是我國現存最早、最完整的封建法律著作，它集戰國秦漢魏晉南北朝至隋以來封建法律理論之大成，成為宋元明清歷代制定和解釋封建法典的藍本，並對古代日本、朝鮮、越南等國建立和完善封建法制發生過廣泛的影響，被稱為世界五大法系之一『中華法系』的代表，毫無疑問是我們今天研究中國法制史和東亞法制史所必須依據的基本資料。從史學研究的角度看，《唐律疏議》中廣泛徵引唐代的令、格、式，涉及到唐代各種典章制度，保存了大量有關唐代的政治、社會經濟史料，有許多是他書缺載或言之不詳的，清代學者贊之為『稀世之寶』，我們今天研究唐史，《唐律疏議》當然也是必須稽考的基本文獻。」唐律作為世界封建法的代表作，與奴隸制時期的羅馬法、資本主義初期的拿破崙法典並列為世界法制史上的三大著名法典，因此，王立民（2007）指出，把握了唐律就可知曉中國古代法，特別是封建法的總貌，中華法系的大概和世界封建法的精髓。錢大群（2007）進一步指出，《唐律疏義》是中國傳統法律文化的代表性法典，是中國封建社會上升時期統治者依法治國經驗教訓的體現，是我國封建社會一部最完整而又最豐富生動的法律典籍。《唐律疏義》價值的普遍意義，在於它深深地植根於中華民族傳統法律文化的特殊土壤，有重要的世界意義，是世界法律文化史上光輝燦爛的一個篇章。

　　《唐律疏議》的影響具體體現為唐律的內容與體例被唐後各代大量沿用，如「疏議」體例、條標形式等。五代的後梁、後周等朝法律均損益唐制而成。宋代法典《宋刑統》於宋太祖建隆四年（963年）頒行，除做部分變通外，在篇目、條款、編撰體例上幾與《唐律疏議》無異。主撰者竇儀在《進刑統表》中闡明了「貫彼舊章」、承襲唐律又有所創新的方針：「伏以刑統，前朝創始，群彥歸為，貫彼舊章，採綴已從於撮要；屬茲新造，發揮瘐合於執中。」（薛梅卿 1997）遼朝的《重熙新定條制》以唐宋律為基礎制定，金朝的泰和律以唐律為藍本制定，泰和律對後世影響很大。元代沒有形成一部貫通始終的治理

國家的常用法典，重要法典之一《大元通制》全文附錄在《元史·刑法志》中，流傳後世。所列篇目二十篇，基本模仿唐律，僅增加部分篇目與條文。明代的《大明律》正式頒行於明太祖洪武三十年（1397年），是有明一代最主要的法典，總結了唐宋以來特別是明初三十年統治和司法實踐的經驗，增加和充實了加強中央集權制度的內容，體例上突破了唐律十二篇的老傳統，首創按六部分類的形式，雖比唐律有所發展，但究其根源，仍脫胎於唐律。（李振宇2005）清代的《大清律例》頒行於乾隆五年（公元1740年），亦沿襲前代。《四庫全書總目提要·欽定大清律例》記載關於《大清律例》的編制：「凡唐律篇目今所沿用者，有名例、職制、賊盜、詐偽、雜犯、捕亡、斷獄諸門。其唐律合而今分者，如戶婚為戶役、婚姻；廄庫為倉庫、廄牧；鬥訟為鬥毆、訴訟諸門。其名異而實同者，如衛禁為宮衛，擅興為軍政諸門……」可見《唐律疏議》的內容與體例對中國法制影響之深遠。

「疏議」體例對當時一些亞洲國家的立法也產生了很大影響。據王立民（2007），當時一些亞洲國家的統治者，瞭解到「疏議」在完善立法中的特殊地位和作用，十分讚賞，並紛紛傚仿用之，其中以日本為最。日本著名法典《大寶律》和《養老律》都是律疏並用。日本學者瀧川博士認為，《大寶律》是「注疏並存」；三浦周行博士認為，《養老律》在「注外尚有疏」。可見，「疏議」影響之深遠。

## 1.2 《唐律疏議》結構與體例

《唐律疏議》全書約24萬字，總的結構組織形式是篇、卷、條，計為十二篇、三十卷、502條律條，每條均以「諸」作發語詞開端。整部刑律與律疏結構嚴整、體例完備，反映出唐初高超的立法水平與技術。

### 1.2.1 篇章結構

唐律的結構與編制體例，基本承襲《北齊律》及隋《開皇律》。

永徽二年頒行的《唐律》只有律文與注文兩部分，按內容分類設置為十二篇，因律文與注文文字較少、篇幅不大，各律都只一卷共設十二卷。後永徽四年又附「律疏」再次頒行，因內容增加，篇幅增至三十卷。各律卷數不等，完全依律疏內容的多少設置。但在《唐律疏議》總目上，除「雜律」外，

既未有「律」亦未有「篇」的明確用語，只在各律開篇介紹歷史沿革的疏文中有「××律」的稱謂。十二篇的篇目設置與內容安排依次為《名例律》、《衛禁律》、《職制律》、《戶婚律》、《廄庫律》、《擅興律》、《賊盜律》、《鬥訟律》、《詐偽律》、《雜律》、《捕亡律》、《斷獄律》。具體設置為：

第一篇《名例律》，共 6 卷（第 1～6 卷），計 57 條。主要規定整部法律的刑名和法例，是唐律的總則部分。

第二篇《衛禁律》，共 2 卷（第 7～8 卷），計 33 條。主要規定違犯宮廷警衛和關津制度的犯罪與處罰，包括違犯宮廷禁制、違犯宮廷警衛制度、違犯邊防戍衛制度等的罰則。

第三篇《職制律》，共 3 卷（第 9～11 卷），計 59 條。主要規定違犯官吏職守及交通、役使方面的犯罪與處罰，包括官吏失職行為、官吏違紀行為、官吏擅權行為、官吏貪污行為、役使稽程等的罰則。

第四篇《戶婚律》，共 3 卷（第 12～14 卷），計 46 條。規定違犯國家戶籍、土地以及婚姻、家庭制度的犯罪與處罰，包括違犯戶籍管理制度、土地管理制度、賦役管理制度、婚姻管理制度等的罰則。

第五篇《廄庫律》，共 1 卷（第 15 卷），計 28 條。主要規定違犯國家有關公私畜牧以及倉庫管理制度的犯罪與處罰，包括違犯畜牧管理制度、倉庫保管制度以及官物輸用制度等的罰則。

第六篇《擅興律》，共 1 卷（第 16 卷），計 24 條。主要規定違犯國家關於軍事與工程興造制度的犯罪與處罰，包括違犯兵役徵發制度、違犯軍事指揮制度、違犯兵器保管制度、違犯工程興造制度等的罰則。

第七篇《賊盜律》，共 4 卷（第 17～20 卷），計 54 條。主要規定嚴重危害國家安全及個人生命、財產安全的犯罪與處罰。

第八篇《鬥訟律》，共 4 卷（第 21～24 卷），計 60 條。主要規定鬥毆和違律告訴的犯罪與處罰，包括毆詈罪、鬥毆罪、非故意傷害罪、違律告訴罪等的罰則。

第九篇《詐偽律》，共 1 卷（第 25 卷），計 27 條。主要規定欺詐和偽造方面的犯罪與處罰，包括詐騙罪、假冒罪、偽證罪、偽造罪等的罰則。

第十篇《雜律》，共 2 卷（第 26～27 卷），計 62 條。規定其他各篇未能包含的「雜犯」罪，包括賭博罪、非法借貸罪、醫療事故罪、出售偽劣商品罪、欺行霸市罪等。

第十一篇《捕亡律》，共 1 卷（第 28 卷），計 18 條。主要規定補繫與逃亡方面的犯罪與處罰，包括失捕罪、擅捕罪、拒捕罪及逃亡罪等。

第十二篇《斷獄律》，共 2 卷（第 29～30 卷），計 34 條。主要規定司法審判、監獄管理制度及違犯此制度的處罰，包括監禁、審訊、判決、執行制度以及違犯此類制度的罰則。

## 1.2.2 「律」、「注」、「疏」的體例

《唐律疏議》502 條律條，多數由律文、注文、疏文三部分組成，少部分律文不含注。注文夾嵌在律文的中間或／和後部，用比律條稍小的字體書寫；疏文插寫在律文與注文文句的中間或／和後部，以低一格的形式注明「疏」字，並以「議曰」、「問曰」、「答曰」作解釋的發語詞，以律、注、疏一體的形式頒行。律文與注文約占全部篇幅的 20%，疏文約占 80%。

### 1.2.2.1　律、注銜接一體的內容結構

唐律最初制定時，是不帶「疏」的純粹之律，只有律條及注。律條及注的內容主要由三部分組成：罪名、罪狀與法定刑，這也是刑律條文基本的內容結構。

據錢大群（2000）分析，《唐律疏議》律注之罪名、罪狀與法定刑具體含義及內容為：

罪名。罪名是犯罪的名稱，是對犯罪的本質和特徵所作的概括。罪名名稱的確定一般採取分類概括與具體確定兩種方法，分類概括是本質特徵相同的劃為一類，具體確定是指同類罪名中最基本的再也不能被細分並賴之以確定刑罰具體幅度的罪名。《唐律疏議》中的罪名實行三級概括制，但並非所有的罪名都實行三級概括。第一，《名例律》以下十一篇之篇名不都是概括罪名。第二，性質最嚴重的犯罪作三級概括，即先總括，再分類，最後舉罪名。從全律看屬於最嚴重的「十惡」才作特別的三級概括，唐律把性質最嚴重的十種犯罪總括為「十惡」，列於《名例律》之中，「十惡」名稱之下，再分類概括為謀反、謀大逆、謀叛、惡逆、不道、大不敬、不孝、不睦、不義、內亂等十種。

罪狀。罪狀是犯罪行為的具體情狀，也就是對罪行及犯罪構成諸方面的描寫敘述，是律條的基礎，作為律條的第一部分列於前半段。包括四種：第一種，簡單罪狀。簡單地寫出犯罪的名稱，對犯罪的特徵方面不作具體描述，

這種描寫方式是古今刑法條文中最多見的一種。第二種，敘明罪狀。有「普通敘明罪狀」（「說明罪狀」），即律文中描寫犯罪最主要之特徵。還有「以正襯反」的敘明罪狀，即一部分罪狀因過於複雜無法從反面記述罪狀，而是先敘述正面制度要求，最後說：「違者……（如何處置）」。第三種，引證罪狀。本條之罪狀以別條中已經描述之罪狀為罪狀，這種方法是為避免行文重複而使律文更簡明，也可以說是一種承前省略式的罪狀描寫方法。如《衛禁律》總第 58 條先規定「闌入太廟門及山陵兆域門」、「越垣」及「闌入太社」的罪狀，最後說：「守衛不覺，減二等」，「不覺」指的是「闌入太廟門及山陵兆域門」、「越垣」及「闌入太社」這些罪狀。第四種，空白罪狀。又稱「參見罪狀」。為省文及表明所引之權威性，在條文說明某種犯罪特徵時，直言「違反……法，（怎樣處置）……」如《職制律》總第 103 條規定：「造御膳誤犯食禁者，主食絞。」「食禁」的內容都規定在《食經》書上，這裡省略。

法定刑。依其幅度是否固定的情況，可以分為「絕對確定的法定刑」、「絕對不確定的法定刑」及「相對確定的法定刑」。唐律中絕對確定的法定刑，一般都呈現三段式結構，這種三段式又可以分為三種情況：

第一，明確的三段式，明確規定①犯罪行為的數額計量及刑罰的起點；②增額加刑的幅度與辦法；③刑罰可能有的最高限度，如《職制律》總第 128 條：乘驛馬枉道者，①一里杖一百，②五里加一等，③罪止徒二年。

第二，隱形的三段式，只規定①數額及刑罰的起點；②增額加刑的幅度或辦法；③其最高刑額不逐條寫明，而是依刑法的統一原則或特殊規定辦。如《職制律》總第 127 條：增乘驛馬者，①一匹徒一年，②一匹加一等。

第三，不定三段式，①先規定一個不計數量而是有犯即罪的基礎刑；②再規定加額增刑的幅度；③規定或不必規定最高刑額的內容。如《擅興律》總第 231 條：臨軍征討而稽期者，①流三千里，②三日斬。

### 1.2.2.2 注文之具體內容

以上是對律、注緊密銜接時內容結構的描寫，剝離律條內容，注文的具體內容為：

第一，解釋律條涉及的罪名的具體罪狀。如《名例律》卷第一總第 6 條律文規定「十惡」的具體罪名及法定刑，其中部分律注為：

一曰謀反。謂謀危社稷。

按：注文「謀危社稷」即是對罪名「謀反」的具體罪狀的說明解釋。

第二，詳細解釋律條之規定。如《戶婚律》卷第十二總第 161 條之部分律注：

諸相冒隱戶者，徒二年；無課役者，減二等。謂以疏為親及有所規避者。

按：注文「謂以疏為親及有所規避者」是對律條「諸相冒隱戶者」具體內容的解釋。

第三，對律文的適用進行限制。如《衛禁律》卷第八總第 73 條之部分律注：

放彈及投瓦石者，各減一等。亦謂人力所及者。

按：注文「亦謂人力所及者」是對律文內容的適用作限制。

第四，對律文的適用進行補充。如《衛禁律》卷第八總第 81 條之部分律注：

若擅開閉者，各加越罪二等；即城主無故開閉者，與越罪同；未得開閉者，各減已開閉一等。餘條未得開閉準此。

按：注文「餘條未得開閉準此」是對律文內容的適用作補充。

### 1.2.2.3　疏文之內容結構

《唐律疏議》的 12 篇 30 卷 502 條律條，疏文以「議曰」與「問答」兩種形式對律文與注文進行訓釋，「議曰」的比重高於「問答」。每條律條（含注）之內均有數量不等的「議曰」式疏解，對律文與注文的法律術語、罪名、罪狀、法定刑等逐句逐條進行解析與訓釋。「問答」式疏解主要解析司法實踐中出現的疑難情況，並非於每條律條下都存在，出現的篇目、條目，完全視訓釋的實際需要而定，或出現於律條的最後，或穿插其間。經過測查，計有 178 處問答式疏證分布於 12 篇 30 卷 502 條律條中的 118 條律條內。

出現問答式疏證的 118 條律條中，含有一問一答的律條計 79 條，含有兩問兩答的律條計 27 條，含有三問三答的律條計 5 條，含有四問四答的律條計 5 條，含有五問五答的律條計 2 條。問答句的體例規範，格式固定，問式以「問曰」作發語詞，連續發問用「又問」，答式以「答曰」作發語詞。一問一答式體例為「問曰答曰」；兩問兩答式為「問曰答曰＋又問答曰」；三問三答式為「問曰答曰＋又問答曰＋又問答曰」；四問四答式為「問曰答曰＋又問答曰＋又問答曰＋又問答曰」；五問五答式為「問曰答曰＋又問答曰＋又問答曰＋又問答曰＋又問答曰」。問式詢問的問題，涉及內容比較廣泛，

有的詢問部分法律詞語的含義，有的詢問律條規定不詳盡不明確之處，有的詢問司法實踐中疑難案例的罪名歸屬、具體的刑罰處置等。答式根據提問進行或詳或略的分析，給出明確解釋，提供明晰的處斷方法。

問答式疏證分布篇目具體為：《名例律》68 處，《衛禁律》7 處，《職制律》7 處，《戶婚律》10 處，《廄庫律》1 處，《擅興律》1 處，《賊盜律》30 處，《鬥訟律》30 處，《詐偽律》11 處，《雜律》3 處，《捕亡律》5 處，《斷獄律》5 處。其中《名例律》、《賊盜律》、《鬥訟律》所設問答最多，《名例律》為總則部分，可知需要解釋的法律術語與需要解決的疑難問題既複雜、數量也多。《賊盜律》與《鬥訟律》涉及的法律問題與百姓的日常生活關係密切，基層司法官吏接觸最多，同時這兩類刑事犯罪行為被封建統治者置於「法治」的首位，因而疏解的數量與內容亦較龐雜。

分布律條具體為：

第一，出現一處問答式疏證（一問一答）的律條（79）：T5〔註1〕、T19、T20、T24、T29、T31、T41、T46、T54、T55、T63、T73、T80、T94、T112、T128、T142、T145、T169、T175、T176、T182、T189、T190、T205、T243、T248、T259、T263、T264、T267、T269、T277、T281、T284、T288、T292、T295、T297、T299、T302、T305、T306、T310、T316、T318、T322、T331、T333、T335、T343、T344、T346、T347、T351、T352、T354、T357、T359、T366、T369、T371、T375、T376、T383、T385、T397、T413、T447、T453、T460、T461、T465、T468、T471、T474、T478、T483、T487。

第二，出現兩處問答式疏證（兩問兩答）的律條（27）：

兩處連續出現：T27、T28、T34、T36、T75、T120、T160、T257、T260、T285、T286、T294、T308、T315、T337、T345、T365。

兩處間隔出現：T6、T11、T16、T32、T39、T44、T65、T178、T249、T372。

第三，出現三處問答式疏證（三問三答）的律條（5）：

三處連續出現：T336。

三處分別間隔出現：T21。

一處與另兩處間隔出現（即三處中兩處連續，與另一處間隔）：T26（連續兩處＋一處）；T40、T45（一處＋連續兩處）。

第四，出現四處問答式疏證（四問四答）的律條（5）：

---

〔註1〕為行文方便本文用 T 代表律條，T5 指總第 5 條律條。

四處連續出現：T37。

四處分別間隔出現：T17。

一處與另外三處間隔出現：T38（連續三處＋一處）；T262（一處＋連續三處）。

連續兩處＋一處＋一處：T33。

第五，出現五處問答式疏證（五問五答）的律條（2）：

一處＋連續兩處＋連續兩處：T18。

一處＋連續三處＋一處：T30。

## 1.3 《唐律疏議》語言研究的歷史與現狀

自《唐律疏議》頒行以來，譯注、研究者代不乏人，各朝代各領域的學者從各自角度進行不同目的的研究，各有價值與意義。以《唐律疏議》為主要研究對象的專門的漢語史、語言學領域的研究成果雖不多見，但法律史、法律解釋學等框架下的研究，對漢語歷史詞彙學、漢語歷史語義學、語法學、訓詁學的研究有非常重要的借鑒與參考的價值，我們從中選擇關係緊密的，匯同漢語史、語言學領域的研究成果，擇其要者集錄如下：

### 1.3.1 宋、元、明、清的研究成果

宋代孫奭為宋仁宗時翰林院講學，所著《律附音義》對《唐律》律文與注文進行注疏，是唐後首部研究唐律的著作。整部書前半部分是律文，後半部分是「音義」，按《唐律》篇目分十二部分，對《唐律》律文中摘出的字、詞以反切或直音的方式注音，必要時進行釋義，共整理、解釋了 752 個法律詞語（王東海 2007），解釋字詞時引用了《尚書》、《周禮》、《儀禮》、《說文》、《爾雅》、《漢書》、《晉書》等古代典籍，對唐律十二篇篇名及順序也做了介紹與說明。這部著述對漢語詞彙語義研究很有借鑒價值。

宋元時人此山貰冶子撰、王元亮重編的《唐律釋文》，共三十卷，也是研究《唐律》注疏的重要參考。《唐律釋文》附於《唐律疏議》卷後，依《唐律疏議》三十卷的次序對疏文中的詞語進行注釋，共解釋了約 690 餘個法律詞語（王東海 2007）。也有研究者認為《唐律釋文》並非對《唐律疏議》的注釋，而是對有宋一代法典《宋刑統》的注釋，但因《宋刑統》基本照搬唐律，所以《唐律釋文》對唐律注疏的研究仍有重要參考價值。沈家本（1985）

將《唐律釋文》與《律附音義》進行比較，指出「孫宣公（孫奭）《律音義》專釋《律文》，而此書統釋《疏議》。宣公長於訓詁之學，其是正文字，極為精審，此書則遠不逮。如『懲音呈』，『繩音成』，《廣韻》懲、繩在十六蒸，呈、成在十四清，異韻作音，於音學為疏。」認為孫奭長於訓詁學，研究精審，但《唐律釋文》的疏解「大致亦有可採」，也肯定了這部書的價值。

元人王元亮編纂《唐律疏議纂例圖表》，為使唐律的規定一目了然，按唐律中的罪、刑分列作圖表，具體明確、條理清晰，對法律詞彙的研究很有參考價值。

清人王明德的《讀律佩觿》，通過對「律母」、「律眼」等《大清律例》中法律術語的闡釋，「對包括《唐律疏議》在內的律學著作中的訓詁方式作了理論上的總結」（王東海 2007）。「律母釋義」和「律眼釋義」是《讀律佩觿》一書中最為重要的篇章。「律母」意為「解律之母」，即「以、準、皆、各、其、及、即、若」八個詞，「律眼」為「但、並、依、從重論、累減、罪同、同罪、并贓論罪、坐贓論」等清律中的常用詞，作者認為這些術語是準確理解律義並在實踐中指導定罪量刑的關鍵，因此不僅從訓詁學也從「文字學、音韻學和法律應用的角度做規範性解釋」（張晉藩 1992）。雖然王明德撰《讀律佩觿》的目的是為解讀清律，但作者總結的「律母釋義」、「律眼釋義」中的術語為中國古代法律所常用，在《唐律疏議》中使用的頻率非常高，因此對理解《唐律疏議》的訓釋方法與內容很有價值。

明代雷夢麟的《讀律瑣言》、王肯堂的《律例箋釋》、清代沈之奇的《大清律輯注》、薛允升的《唐明律合編》等律學著作對法律詞語的辨析與訓釋、條文的解析與詮釋也是研究《唐律疏議》律學訓詁可資借鑒的重要參考。

## 1.3.2　近代研究成果

國內學者最早對唐律進行系統研究的應首推清朝末年的沈家本。清末傑出的法學家沈家本的四卷本著述《歷代刑法考》，採用訓詁學方法對歷代律令中的概念、名詞、術語及條文進行考證，考沿革、明義理、究同異，對《唐律疏議》的內容也有專門的嚴密的考據，在《歷代刑法考·律令九卷·律令四》中，沈家本對唐《武德律》、《貞觀律》、《永徽律》及《律疏》等都作了分析，是語言學視角研究《唐律疏議》不可缺少的參考。王寧（1996）在談到《歷代刑法考》的價值時指出，這是一部在法學與史學推動下成功的訓詁實踐，具有乾嘉時代正統派學者考據工作中不可能產生的諸多特色。它所採

用的方法，對傳統語言學的發展有著不容忽略的價值。王東海（2007）認為：
「《歷代刑法考》的訓釋方法和《唐律疏議》的基本一致。但後者的普及性、
實用性強，考慮到在全國推行時，為避免因文化水平參差不齊而導致理解不
統一，影響法律執行效果，所以其訓釋側重事務風格，疏解不求過於深奧，
在追求高度準確的基礎上，行文通俗易懂，明白曉暢。《歷代刑法考》是專家
解釋，學術性強，考釋深入、紮實，材料翔實準確。重視並吸收《歷代刑法
考》的考據材料，可以將《唐律疏議》的法律詞彙語義研究帶入到一個新高
度。」

　　法律史學家程樹德的《九朝律考》1935 年於商務印書館出版，對《漢
律》、《魏律》、《晉律》、《北齊律》、《隋律》等《唐律》之前的九個朝代的律
典及散佚律文進行考釋，因法律語言的傳承性，這部著述在詞語、條文的訓
釋上也為《唐律疏議》的語言學研究提供了許多可供參考的材料。

### 1.3.3　當代研究成果

　　當代在法律史、比較法、法律解釋學框架內對《唐律疏議》的研究名家輩
出、著述甚豐。這些研究並非專門的語言學研究，但其中的很多成果對歷史詞
彙語義學、訓詁學、漢語史專書文獻語言研究等都有重要啟示。

　　臺灣學者戴炎輝的《唐律通論》1964 年於臺灣正中書局出版，共分三編，
第一編總論，敘述唐律的沿革、性質等問題；第二編將《名例律》分成 26 章，
逐條解釋；第三編為《唐律各論》，對從《衛禁律》到《斷獄律》的 11 篇內容
逐條釋義，是中國學人第一次以現代法學思維和史學方法系統地研究和解釋
唐律的著作。

　　國內學術界對唐律的研究成就非常突出。楊廷福（1982）《唐律初探》共
收入七篇論文，對唐律的制作年代、唐律的歷史淵源、唐律的內容評述、唐律
對亞洲古代各國封建法典的影響等問題都作了分析，尤其在《〈唐律疏議〉制
作年代考》一文中，對日本學者提出的現存《唐律疏議》是《開元律疏》的觀
點進行了反駁，從文獻著錄、敦煌寫本殘卷、《唐律疏議》的刊本與長孫無忌
的《進律疏表》、《唐律疏議》中出現的避諱等七個方面，以翔實的史料、嚴密
的邏輯推理進行了論述，對現代學者的唐律研究影響深遠。

　　劉俊文的《唐律疏議》點校本於 1983 年由中華書局出版，作者參考唐
律的三個版本系統，盡可能利用前人的研究成果進行校注，同時附有「校勘
記」，為研究者帶來了極大的便利，其中名詞、術語的訓釋對語言學研究有

重要的參考價值。

　　曹漫之主編、華東政法學院古籍整理研究所七位專家集體譯注的《唐律疏議譯注》於 1989 年由吉林人民出版社出版，對概念、法律術語、律條進行注釋、箋解，疏通文義，在當時填補了唐律研究的一項空白，是第一部唐律古文今譯的成果。

　　劉俊文（1996）《唐律疏議箋解（上、下）》，解析律條、箋釋疏議，對漢語史、語言學研究也有重要參考價值。

　　王立民（1993）《唐律新探》對唐律的法律思想、唐律「疏議」的作用、唐律律條的協調、唐律的禮與法、唐律的條標等方面進行探討，其中「唐律『疏議』的作用」、「唐律的禮與法」等部分對《唐律疏議》的訓詁內容與方法的研究有重要參考價值。

　　錢大群《唐律研究》（2000）分四編從四個角度進行立法研究、刑罰及刑罰運用研究、犯罪研究、刑律的任務與特點研究，其中對唐律的解釋研究、體例研究對我們深有啟示。《唐律疏義新注》（2007）借鑒唐律注釋研究的各家之長，譯解詳備、體式清晰。譯文與原文的律、注、疏在位置上左右欄並列對照，便於逐句理解原文並對照檢驗譯文；各律條下均有「引述」，便於迅速把握律意內核；解釋詞語、法例與律義、詳實、嚴密，是語言學角度研究《唐律疏議》的重要入門參考。

　　以學術論文形式在法律史、比較法、法律解釋學框架下對《唐律疏議》的研究成果數量很大，有些著述同樣給《唐律疏議》的漢語史、訓詁學、法律語言學角度的研究以借鑒。

　　日本也先後出現了一大批研究唐律的專家，如佐藤誠實、仁井田陞、瀧川政次郎、滋賀秀三、八重津洋平等，他們致力於唐律文獻學、法學、翻譯、注釋等方面的研究，給中國的唐律學研究以很多借鑒。

　　從純粹語言本體角度研究《唐律疏議》的成果也有一些。

　　鄧海榮《〈唐律〉法律術語例釋（一）》（1999）考釋了負殿、備償、前人、辭牒、正贓、倍贓、辜內（限內）、辜外（限外）十個詞語，《〈唐律〉詞語劄記》（2002）考釋了市糴、追喚、負殿、回改、同比五個詞語，《唐〈律〉法律詞語考釋》（2003）考釋了引虛、相須、露臉、告舉、過致、守掌、文記、執捉、冒承九個法律詞語，「以補辭書之疏漏」（2002）。

　　冉啟斌（2002）《〈唐律疏議〉詞彙研究》，首先從總體上分析《唐律疏議》

這部法律文獻的語言特點，發現《唐律疏議》複音詞明顯增多，也使用了較多口語，認為其在中古漢語研究中佔有一定的地位，語料上具有較大的價值；同時對文獻裏的法律、政事、職官、制度、軍事、建築、經濟等專有詞語進行梳理，尤其對法律詞語體現的特殊性進行研究；又對《唐律疏議》語詞釋義的類型、詞彙的構詞進行探討。是語言學角度較為全面研究《唐律疏議》詞彙的學術論文。

董志翹（2003）《〈唐律疏議〉詞語考釋》，參以其他文獻用例，考釋了絕時、闌遺、鋪、手實、跐跌（折跌、蹉跌）、相須（不相須）、指斥等十個目前大型語文性辭書未見，或前人疏解不當以及不詳盡的詞語。

王啟濤（2003 年）《中古及近代法制文書語言研究——以敦煌文書為中心》主要以敦煌吐魯番法制文書特別是契約文書為語料，用文獻考據的方式對《漢語大辭典》等相關工具書漏收的詞語進行考釋，同時進行相關的漢語詞彙史、語音史、語法史的研究。《唐律疏議》是敦煌文獻中的重要材料，據王東海（2007）統計，這部著述收錄並解釋的詞語中，《唐律疏議》中有用例的約有 160 個。

王東海（2007）《古代法律詞彙語義系統研究——以〈唐律疏議〉為例》，選用《唐律疏議》作為基礎語料，以《唐律疏議》法律詞彙語義系統作為主要研究對象，對古代法律詞語語義進行研究。這部著述全面整理《唐律疏議》法律專科詞彙系統以及法律詞彙的語義系統，確定語義系統的單位，歸納法律詞義的來源，對法律義位的語義結構進行語義特徵分析，同時以語義特徵分析法為基礎，以語義關係分析為核心，全面分析和描寫《唐律疏議》法律詞彙語義系統的語義關係，如上下義關係、平行關係以及多義詞內部多義位之間的關係，得出的結論是：《唐律疏議》的詞彙語義具有詞義譜、上下義關係、平行關係等嚴密的系統，呈現出網絡狀。這部著述對《唐律疏議》法律專科詞彙進行勾稽、整理和分類，主要運用訓詁學的語義分析方法，對漢語歷史詞彙學、訓詁學、法律語言學等的研究都有重要的借鑒意義。

考古發現的簡帛文本研究成果對《唐律疏議》的法律術語的沿革演變、訓詁方法的傳承與發展以及語法研究也有很大幫助。如魏德勝《睡虎地秦墓竹簡語法研究》（2000）、《睡虎地秦墓竹簡詞彙研究》（2003）、吉仕梅（2004）《秦漢簡帛語言研究》等。

### 1.3.4　對《唐律疏議》語言研究的簡評

　　法律史、法律解釋學等法學角度的《唐律疏議》研究成果頗豐，研究者基於不同目的從各種角度對《唐律疏議》進行研究，其中的一些成果對漢語史研究有重要的借鑒意義，但法律史、法律解釋學框架下的研究畢竟主要是法學研究，理論、方法、切入點都主要是法學的視角，而不是語言學的視角。

　　目前從語言學角度對《唐律疏議》進行的研究數量較少，研究範圍也較為狹窄，主要集中在詞彙領域。其中多數著述基於文獻的研究方式，主要採用文獻考據的方法，對《唐律疏議》中的法律術語、新詞、新義以及構詞特點等進行探討，這對於專書詞彙的整理以及辭書的訂誤、增補價值很大。還有的研究將現代語義學理論與傳統訓詁學方法相結合，探討《唐律疏議》的詞彙語義系統，很有價值與意義。

　　我們認為對《唐律疏議》語言的研究還剛剛起步，很多領域還少有涉及或從未涉及，許多研究亟待展開與深入。如對《唐律疏議》律學訓詁的研究還少有涉及，律學採用注釋、詮解的訓詁方法，與傳統小學的關係非常密切，已有研究者注意到了《唐律疏議》在專科訓詁、應用訓詁研究方面的價值，「《唐律疏議》是一部法典，但注文、疏文（含『議』和『法律問答』）又顯示其是一部律學、應用訓詁學實踐的專書，這種律學與訓詁學緊密結合的交叉性特點，能很好地體現法律與語言、法律解釋與訓詁訓釋的緊密關係……」（王東海2007）。因此，對《唐律疏議》的法律專科訓詁特點進行深入、全面、系統的研究，探討其訓詁內容、程序、方法、術語，以及問答的語篇、句法、句類研究是必要的，也是亟待迅速展開的。

## 1.4　《唐律疏議》問答體疏證研究的意義

### 1.4.1　《唐律疏議》問答體疏證研究與訓詁學

　　訓詁學是中國傳統語言文字學的一個重要組成部分。中國的訓詁實踐有兩千多年的歷史，許多優秀的訓詁大師在具體、瑣碎、龐雜的語言文字工作中積累了豐富的經驗，取得過豐碩的成果，對傳統語言文字的研究是有很大貢獻的。但是訓詁研究始終缺乏理論性、科學性、系統性，缺乏對語言規律的揭示。陸宗達、王寧（1994）在探討訓詁學在當代的理論價值與實用價值時說，從中國語言文字學的發展歷史來看，訓詁學創始最早，而且成就也最

高，擁有一大批十分豐富的資料、有價值的著述，還有不少在理論和實踐上貢獻卓著的訓詁大師留下的豐富的經驗，但是訓詁學沿著現代科學的道路向前發展的速度是非常緩慢的，因為舊的訓詁之學在材料上、方法上、觀點上都存在很多侷限性，如概念模糊、術語含混、理論不周密、缺乏發展觀點等。同時訓詁學缺乏對理論的探討，更缺乏對原理、規律的系統闡述，總體的理論建設尚未完成。主張現代訓詁學研究應該多做這樣的工作：

第一，訓詁歷史的介紹。主要是介紹歷代訓詁學作者和著述的成就。

第二，訓詁材料的介紹。主要是對注釋書和訓詁學專著的體例加以發揮整理，以便今人閱讀。

第三，訓詁原理的介紹。也就是說明以往正確訓詁工作的理論依據，並對各種訓詁現象進行科學的解釋。

《唐律疏議》是律學訓詁的典範，我們探討《唐律疏議》問答體疏證的訓詁特點，就是在做後兩方面的工作，力圖通過對《唐律疏議》問答體疏證的訓詁內容、方法、用語等進行歸納、整理，以期對訓詁學理論建設提供點滴啟示與借鑒。

為加強理論建設，同時必須注重專科訓詁實踐的總結與研究，王寧（1996）對當代訓詁學研究的展望是非常準確的：「訓詁學是帶著應用的和理論的兩個目的而進入當代的」，作為應用訓詁著作，《唐律疏議》訓詁有著與傳統經學訓詁特點不同的律學訓詁特色，如問答體疏證的大量使用，以及問答體疏證高度程式化的行文格式、特殊的訓釋程序語等，對這些現象進行總結，歸納出規律性的特點來，亦是對應用訓詁學研究的些微貢獻。已有學者認識到了這一點，王東海（2007）指出：「以往的應用訓詁研究主要集中在經學、史學等經典傳世文獻的訓詁上，並沒有真正進入專科領域，將各專科領域有特點的訓詁體例進行描寫與總結。各專科領域的訓詁各有專科應用目的，在各自專科領域直指訓釋要旨，直接有效，其運作規律很有總結的價值。」「例如對《唐律疏議》中法律問答訓釋體式的歸納就很有意義」。

綜上所述，《唐律疏議》問答體疏證研究屬於法律專科訓詁研究，作為應用訓詁學的一部分，與經學訓詁相比，有專門的研究範疇，有自身鮮明的特色，從內容、體式、方法上都可以補充傳統訓詁學理論研究的不足，因此忽略律學訓詁研究的訓詁學理論是不完備的，我們的現代訓詁學研究應該給予律學訓詁這類的專科應用訓詁以足夠重視，以豐富訓詁學研究的理論體

系，使之更成熟與完備。

## 1.4.2　《唐律疏議》問答體疏證研究與漢語史

　　吳福祥（2005）指出，語法狀態的描寫（專書／斷代語法研究）和語法演變的研究（語法史專題研究）之間是一種相輔相成、互相促進的關係。共時語法狀態的描寫是研究歷時語法演變的基礎，因為沒有全面、紮實的專書／斷代語法描寫，歷史語法專題的研究不可能深入進行。《唐律疏議》問答體疏證問式與答式的語篇結構、句類研究作為專書／斷代語法研究對漢語語法史研究具有參考價值。《唐律疏議》是一部法典，法律解釋的受眾為基層司法官員及「明法科」考生，因此語言既要求莊重、規範、嚴謹，同時也要求平易、樸實、明晰，不能過於隨意，也不能晦澀艱深。問答體疏證作為對話語言，雖為虛擬性質，相對於其他行文部分，應該是這部法典中更加平實、更接近日常用語的部分，有更多的語法現象，如疑問句、祈使句這些句類是這部法典其他部分沒有的，因此在漢語語法史研究中也具有較為重要的語料價值。

　　如我們在探討問式的句類時，對問式疑問句的探討可與以往研究成果相比照，結論相同的可作為印證，結論略有差異的也可對漢語語法史的研究有點滴啟示。如《唐律疏議》問式正反問句的數量遠遠多於選擇問句的數量，這符合漢語語法歷時發展實際，同時我們的數據也表明，早於通常認為的晚唐五代口語語體，唐朝初年的書面語體裏，正反問句的數量也已大量出現。同時否定詞「以否（否）」出現於疑問句句末共 78 例，正反問 76 例中的「以否」均為否定副詞，選擇問 2 例中的「以否」為語氣詞；「否」出現 11 例，均為否定副詞。在唐初的法律文獻裏，「以否」的用法已遠遠多於「否」的用法，這與一般認為「以否」的大量使用主要出現在晚唐五代略有差異。因此我們的研究結論或許對「否」的歷史演變的研究有些啟示。另外特指問句疑問代詞「何」做介詞賓語時前置，做動詞賓語時未前置，前置與後置呈現出並存共用的格局。先秦兩漢時期，疑問句中疑問代詞做賓語一般要前置，到了魏晉時期，已經開始出現後置的用法，唐初的文獻中前置與後置並存的現象說明此期疑問句的語序正處於發展變化過程之中。

　　《唐律疏議》訓詁研究對漢語詞彙語義學研究也具有較為重要的意義。律學訓詁的一個重要方面是對法律詞語、日常用語的法律內涵進行解釋，這種解釋既有單獨的解釋，也有疏通律義時的嵌入式解釋。問答體疏證雖主要針對疑難案例進行解析，但也涉及對部分詞語的訓釋，因此對《唐律疏議》

整部法典的法律詞語分類、法律詞彙語義系統的構成都是不可或缺的部分，對漢語詞彙語義研究也是有意義的。

## 1.4.3 《唐律疏議》問答體疏證研究與法律語言學

關於法與語言的關係，英國哲學家大衛·休謨（David Hume）說：「法與法律制度是一種純粹的『語言形式』。法的世界肇始於語言，法律是通過詞語訂立和公布的。法律行為和法律規定也都涉及言辭思考和公開的表述與辯論。」「法律語言與概念的運用，法律文本（Gesetzestext）與事相（Sachverhalt）關係的描述與詮釋，立法者與司法者基於法律文書的相互溝通，法律語境的判斷等等，都離不開語言的分析。」A·考夫曼和德國慕尼黑大學教授及新分析法律派繼承人N·麥考密克指出：「法律其實不過是一門法律語言學。」（轉引自王潔 1999）

語言是法律的物質外殼，且與法律的關係如此密切，因此從法律誕生之日起，對法律語言的研究就開始了。「法律語言（Legal Language）這一術語源於西方，在英語中它原指表述法律科學概念以及用於訴訟和非訴訟法律事務時所選用的語種或選用某一語種的部分用語，後來亦指某些具有法定法律意義的詞語，並且擴展到語言的其他層面，如『法律文句』、『法庭訴訟語言』等。」（潘慶雲 2004）我國法律語言的自覺使用濫觴於先秦，春秋後期就產生了中國最早的法律規範文書，還產生了非規範性的訴訟文書如訴狀、筆錄、判詞等。而「法律語言」這一術語的提出以及內涵、研究範疇的逐漸明確界定，則反映在 1980 年代以來陸續出版的法律語言著作中。

法律語言學以法律語言作為研究對象，「是在語言學和法學的交叉點上產生的新學科，由於它主要採用語言學的理論和研究方法，研究的中心是語言，因此，尚屬於語言學的領域」。（杜金榜 2004）法律語言學依託的理論主要有語言學理論、法學理論，還涉及心理學、符號學、邏輯學、倫理學等理論。有學者（劉紅嬰 2007）將法律語言學的語言學視角研究歸納為語言本體研究、語言理論研究、語言應用研究，「本體研究將語言視為音義結合的符號系統進行考察，內容主要包括語音、語義、語法和詞彙。理論研究關照語言的本質、起源、發展、分類、語言與其他文化因素的關係、語言研究方法論等。應用研究的視野較為寬廣，範圍涉及社會的方方面面，如語言規範、語言教學、語言認知、領域語言、自然語言信息處理等等。」我們認為這個界定較為全面。

　　《唐律疏議》問答體疏證的研究對法律語言的語體風格、立法語言詞語的構成、意義，立法語言的句式選擇、句法結構、超句結構、複句運用，以及法律語篇研究、法律解釋學研究、法律語言的應用研究都有借鑒意義，會對法律語言學的本體研究、理論研究、應用研究提供一些實證及啟示。

### 1.4.4　《唐律疏議》問答體疏證研究與語用學

　　美國邏輯學家莫里斯（Charles William Morris）1937 年自造新詞「pragmatics」，標誌著語用學概念的提出。1955 年牛津哲學家奧斯汀（John Langshaw Austin）正式提出第一個語用學理論——言語行為理論，到 1967 年格萊斯（Herbert Paul Grice）的會話合作原則，以及其後更多理論如語境、指別、預設、關聯理論、會話分析等的出現，使語用學成為一門顯學，代表了語言學研究的前沿領域及發展方向。

　　二十世紀 70 年代末 80 年代初，中國的外語界開始引進語用學理論，隨著語用學理論在中國的傳播，國內學者紛紛嘗試將其應用於漢語研究。1980年代初，漢語語言學界在語法研究中引進語用概念，胡裕樹（1981）《現代漢語》增訂本提出：「必須區別三種不同的語序：語義的、語用的、句法的。」二十世紀末期三個平面語法理論的提出使「語用」這一術語的出現更加頻繁，對語用現象的關注與分析越來越多，但這些學者研究的語用是與句法相關的語用因素，不是語用學，他們的著眼點是解決語法問題。很長一段時間之內，國內用漢語寫成的語用學文章及著作絕大多數是外國學者著述的翻譯或國內學者的介紹性文字，真正應用語用學理論研究漢語語言現象的著述很少。這一方面與語用學理論本身尚未成熟有關，另外也與國內學者尚未真正認識到語用學的價值有關。時至今日，結合漢語實際進行的語用學研究的嘗試開始逐漸增多，《唐律疏議》問答體疏證的對話特質是我們應用語用學的會話合作原則與會話分析理論的契合點，期待我們的嘗試性研究會對漢語語用學理論的建設與完善提供些許啟示。

## 1.5　《唐律疏議》問答體疏證研究的理論與方法

### 1.5.1　訓詁學理論與方法

　　訓詁學是語言解釋之學，以歷史文獻語言為主要研究對象，中國兩千多年

的訓詁實踐積累了豐富的材料，但相當長的時間內只有語言文字研究的具體實踐卻沒有自覺的理論總結。到了清代，戴震、段玉裁、王念孫等學者開始對歷代訓詁實踐作自覺而系統的研究，清末民初，在章太炎、劉師培、黃侃、沈兼士等學者的相繼努力下，對學理的解說、方法論的闡發已具有相當的理論高度。現代學者的研究範圍與內容也越來越廣博與深入，有各種專題性研究，也有訓詁學學術史研究和系統總結訓詁理論的專論、專著。專題性研究有對聲義同源問題的探討、對詞義存現、詞義變通規律的研究，有對訓詁源流的考察、訓詁大家、訓詁專書的研究，還有對訓詁體式、條例等的研究。系統總結訓詁實踐與理論的著述成果也很豐碩，從清末至今，有章太炎《小學略說》，黃侃《訓詁述略》，馬宗霍《訓詁略說》，陳鍾凡《訓詁發凡》，王力《新訓詁學》，許嘉璐《訓詁學的衰微與復興》、《訓詁學的性質及其他》、《注釋學芻議》，李建國《漢語訓詁學史》、趙振鐸《訓詁學史略》、何仲英《訓詁學引論》、齊佩瑢《訓詁學概論》、林尹《訓詁學概要》、張世祿《訓詁學概要》、陸宗達《訓詁淺談》、陸宗達、王寧《訓詁與訓詁學》、王寧《訓詁學原理》、周大璞《訓詁學要略》、洪誠《訓詁學》、張永言《訓詁學簡論》、郭在貽《訓詁學》、胡楚生《訓詁學大綱》、孫庸長《訓詁原理》、黃孝德、羅邦柱《訓詁學初稿》等。這些著述，尤其是其中關於訓詁體式、訓詁程序、方法、術語、內容等方面的總結，為《唐律疏議》問答體疏證這一古代文獻語言研究提供了理論與方法的支撐。

## 1.5.2　漢語歷史語法學、漢語歷史詞彙學理論

「語法演變的研究也能為語法狀態的描寫提供幫助，假若一個研究者對語法演變的事實毫無瞭解，很難設想他能描寫出真正有價值的語法狀態來，事實上，語法狀態的研究中描寫什麼和如何描寫跟研究者所具有的語法演變的背景知識密切相關。」(吳福祥 2005) 漢語歷史語法學在漢語語法共時描寫的基礎上進行歷時研究，《唐律疏議》為唐初文獻，我們的研究需要探討《唐律疏議》問答體疏證問式與答式的結構、句類等語言現象，因此近代漢語語法研究成果及漢語歷史語法學理論是我們研究的理論依據之一。

漢語歷史詞彙學是在漢語詞彙發展演變的過程中來觀察、分析詞彙，總結其發展規律，特別著重就一個一個詞專門探討其歷史來源、考察其意義的源流演變過程，因此它是對漢語詞彙進行縱向研究，亦即歷時的研究。(趙克勤

2005）漢語歷史詞彙學對漢語詞彙進行歷時研究，當然歷時研究是建立在共時研究的基礎之上，在對共時現象進行深入研究之後才有歷史發展的描寫與解釋。本文研究內容涉及《唐律疏議》義疏體訓詁體式的探討，其中有關法律術語沿革演變的解釋等需要運用近代漢語詞彙研究成果以及漢語歷史詞彙學理論進行研究。

## 1.5.3 法律語言學理論與方法

杜金榜（2004）在總結法律語言學的研究範疇時指出，法律語言本體研究包括法律語音學、法律詞彙學、法律語義學、法律語言的句法結構研究；法律語言使用研究包括法律修辭學、法律語用學、法律語篇分析、法律語言心理學、法律翻譯等的研究。李振宇（2006）在談到法律語言學的研究方法時指出，法律語言現象有著獨特的內在邏輯，特殊的研究對象需要特定的研究視角和特別的認知方式。法律語言學研究首先必須具有特殊的認知意識，如立體思維、辯證思維、抽象思維、關係思維、法思維等，同時還有宏觀研究方法、微觀研究方法等。我們認為，這些範疇內的研究成果，尤其是法律語篇理論、法律語用學理論、立法語言理論、法律解釋學理論，以及法律語言學的特定研究方法，對《唐律疏議》問答體疏證研究具有指導意義。

## 1.5.4 語用學理論與方法

以往對法律文獻語言的研究以及現代法律語言研究，多運用傳統語言學理論對法律術語、立法語言、司法語言、立法表述、法律口語等內容進行多角度探討，語用學理論的出現給法律語言的研究以重大啟示，涂記亮（1988）提出，「語言哲學不僅包括對語詞和語句的分析，對指稱理論、意義理論和真理理論的探討，還包括言語行為的研究，對語言的使用和語境的研究，對語言與意向、信念等心理因素的關係的研究，對各種隱喻及語言與實在、語言與思想和文化的相互關係等等的研究。」杜金榜（2004）指出，「法律語用學主要研究法律語言與使用者的關係，從使用者的角度研究法律語言的特點。這也是它與法律語義學研究主要的區別之一。法律語用學的研究範圍包括法律言語行為、法律語言與會話角色、法律語言的會話結構、法律語用與認知等。」《唐律疏議》問答體疏證的對話、問答性質為我們應用會話合作原則與會話分析理論與方法進行研究提供了契合點，借鑒、批判吸收語用學理論，找到更多的、恰當的適合《唐律疏議》問答體疏證言語實際的理論與方法，

對傳統訓詁實踐進行現代視角的審視與開掘，會為傳統文獻語言的研究以及訓詁學理論的現代化提供重要啟示。

## 1.5.5 　描寫與解釋相結合

　　蔣紹愚（2005）在談到漢語史的基礎研究與理論思考的結合問題時指出，漢語史的基礎研究是對漢語歷史演變的語言材料作全面的調查、細緻的描寫和深入的分析。這方面的工作必須加強，沒有紮實的材料，就談不上漢語史研究。但是，光是掌握了材料而只把材料加以羅列，或作簡單的分類排比也是不夠的，還必須在研究中加強理論思考，在描寫的基礎上進一步作出解釋，探索漢語發展演變的動因和機制。李無未（2006）在探討漢語史研究基本理論範疇問題時也強調，漢語史研究理論模型範疇，主要是指描寫模型與解釋模型範疇。描寫模型通過描述手段與程序，將被描述的漢語史對象內在規律再現或顯示出來，解釋模型是建立漢語史研究解釋「同一關係」與「普遍模式」的活動過程。漢語史研究理論模型範疇的思維模式，離不開它的「模型」性質特點，即定型性、可複製性、可描寫性、可解釋性、體系性、結構性、可塑性、可預測性。我們對《唐律疏議》問答體疏證的研究將盡可能準確地進行描寫，如對問式與答式訓釋程序、方法、用語的歸納、總結，對結構與句類的探討等，並盡可能做到合理地揭示其內在的機制、動因與規律。

## 1.5.6 　定量分析與定性分析相結合

　　本文將採用數學的統計方法對盡可能多的可以進行數量統計的語言現象進行定量分析。程湘清（2003）指出，運用統計方法，就是以大量的觀察為基礎，通過數量統計總體，揭示從量變到質變的規律性。這是因為構成統計總體的許多個體存在著共同的質的規定性，只有經過大量統計才能使個別的偶然性抵消，使集體的必然性顯現出來，從中可以看出一個大致的發展趨向。

　　本文在探討《唐律疏議》問答體疏證問式與答式的語篇結構、句類以及常用的訓釋程序、訓釋用語、訓釋方法等問題時，盡可能做窮盡式的定量分析，如對問式正反問與特指問在整個疑問句中的比例進行統計，通過數量統計歸納特點、總結規律、提煉規則，進入定性的階段與高度。

# 第 2 章 《唐律疏議》訓詁與律學訓詁

## 2.1 中國傳統律學訓詁發展概要

### 2.1.1 訓詁學與律學的密切關係

訓詁學是中國傳統語言學即「小學」的一個重要分支，以歷代的訓詁理論和實踐為研究對象。「訓詁」這個詞出現較早，最初單稱為「詁」或「訓」，「訓詁」二字連文，始於漢代的《毛詩詁訓傳》，「詁訓」即「訓詁」，「訓」與「詁」從此逐漸合成一個複音詞。

關於訓詁的含義，歷來解說不斷：

《說文解字・言部》：「訓，說教也。」「詁，訓故言也。」段玉裁注：「訓故言者，說釋故言以教人，是之謂詁。分之則如《爾雅》析『詁』、『訓』、『言』為三，三而實一也。漢人傳注多稱『故』者，『故』即詁也。《毛詩》云『故訓傳』者，故訓猶故言也，謂取故言為傳也。取故言為傳，是亦詁也。賈誼為《左氏傳訓故》，訓故者，順釋其故言也。」

孔穎達《毛詩・周南・關雎詁訓傳疏》：「詁訓傳者，注解之別名。……詁者古也，古今異言，通之使人知也。訓者道也，道物之貌以告人也。故《爾雅・序篇》云：『《釋詁》、《釋言》通古今之字，古今異言也。《釋訓》言形貌也。』然則詁訓者，通古今之異辭，辨物之形貌，則解釋之義盡歸於此。《釋親》已下，皆指體而釋其別，亦是詁訓之義，故唯言詁訓，足總眾篇之目。」

　　郭璞注《爾雅·釋詁》:「此所以釋今古之異言,通方俗之殊語。」

　　黃侃(1983):「詁者故也,即本來之謂;訓者順也,即引申之謂。訓詁者,用語言解釋語言之謂。若以此地之語釋彼地之語,或以今時之語釋昔時之語,雖屬訓詁之所有事,而非構成之原理。真正之訓詁學,即以語言解釋語言。初無時地之限域,且論其法式,明其義例,以求語言文字之系統與根源是也。」

　　可見各家對訓詁含義的理解,表述雖不完全相同,但基本內涵的理解是相同的,即訓詁就是解釋,是「用語言解釋語言」,訓詁學是一種語言解釋之學。

　　現代學者對訓詁的理解也大致如此,周大璞(1984)、郭在貽(1986)、陸宗達、王寧(1994)、富金壁(2003)、黃孝德、羅邦柱(2007)等均表示贊同黃侃對訓詁及訓詁學含義的理解。

　　古今學者對「訓詁即是解釋」這一訓詁基本內涵的理解是一致的,而關於訓詁學的研究對象及內容,學者們各執一說,差異較大。

　　關於訓詁學的研究對象,曾有學者把訓詁只看做解經的工具,胡樸安(1939)對訓詁的義界是:「訓」是「分析內容,形容其狀況」,「詁」是「以今語釋古語,以通言釋方言」,「訓詁」即解說義理、疏通經義之謂。所以他認為訓詁學是「書本上的考古學」,把訓詁學的對象限定為儒家經典文獻,訓詁學無非是解釋經學、幫助後人讀經的工具。應該說這種界定是不符合歷代訓詁實踐的,從訓詁學術史來看,中國古代的訓詁學研究對象雖主要為經學著作,但也有對其他領域如史學、諸子訓詁實踐的研究,還包括對專科訓詁像律學、醫學、農學等其他科技訓詁的研究,所以孫雍長(1997)指出,作為一種學術或學問的訓詁學,其內容範圍涉及語言·言語的諸多方面,而且涉及到好些邊緣學科。

　　關於訓詁學的研究內容,有些學者認為訓詁學就是詞義學或語義學,研究內容主要為詞義解釋或語義解釋,如周大璞(1984)認為:「訓詁學是語言學的一種。我國的語言學向來分為三門,即文字學、音韻學、訓詁學。文字學研究文字的形體,音韻學研究語音,訓詁學研究語義。訓詁學也就是語義學。」「訓詁學的研究對象就是詞義和詞義系統,它的首要任務就是研究語義發展演變的規律。」徐超(2000)認為:「『訓』、『詁』散言,則『訓』多是『解釋』的意思,『詁』多是『故言』(『詁』、『故』二字通)的意思,後

來作為學科名稱，則是『注釋、』『解釋』的意思。它一般既可以表示解釋的行為，又可以表示解釋性的著述……訓詁學就是『注釋學』，亦即『傳注學』。」黃孝德、羅邦柱（2007）認為，訓詁學就是以詞義解釋為主要研究對象的一門學問。它通過訓詁實踐的總結和現存訓詁資料的分析歸納，研究訓詁的理論和常用的體式、方法、條例，解釋語義系統，推求詞語根源，探索語義發展的內部規律，用以指導訓詁的實踐。

　　我們認為訓詁學與詞義學、語義學雖有不可分割的聯繫，但並不等同於詞義學或語義學。正如洪誠（1984）指出：「詞義學是研究詞的性質、結構及其演變規律的科學，他的研究對象是詞，不包括句。訓詁學不但要瞭解詞義，還要講明句義。……它的內容應該是：分析古代書面語言的具體情況，批判地繼承前人經驗，提出訓詁的原則與方法，綜合運用文字、音韻、詞義、語法學，以求正確地解釋語言。」許嘉璐（1986）也強調訓詁學與語義學、詞義學不同：「其實訓詁學也不等同於西方的語義學，語義學是研究語句的字面意義的科學，而不考慮語言環境（廣義的）和言外之意。訓詁學的一個獨到之處就是既注意語詞本身的意義，與客觀事物間的關係，又特別注重語言環境。這個環境既指語言中跟使用者直接相關的指別成分，又包括了跟語言運用有關的心理、生物、社會等現象。換言之，如果一定要跟西方語言學中的學科比附的話，我們可以認為訓詁學近於語文學加語用學，卻離詞義學更遠。」孫雍長（1997）也認為訓詁學不等同於詞義學：「詮釋詞義雖然是訓詁學的主要內容，但卻不是唯一的內容。而且，訓詁對詞義的解釋主要是實用的，不是非要研究詞義的內在規律不可；即使也涉及到詞義的某些內在規律，如段玉裁之談引申，王念孫之說義通，也多半只是為了給實用的解釋提供一些理論依據罷了。而所謂『真正之訓詁學』，即訓詁理論之學，其任務主要是研究訓詁『構成之原理』，且『論其法式，明其義例，以求語言文字之系統與根源。』」

　　我們贊同以上三位學者的看法，同時認同富金壁（2003）對訓詁學主要研究內容的總結：訓詁內容包括解釋詞義、串通文意、說明句讀、分析語法、闡述修辭方法、說明典章制度、說明史實，解釋典故、校勘正誤、分析篇章結構、解題或點明章旨、評論原文、說明文例。

　　我們認為，雖然最初的「訓詁」是指以今語解釋古語或方言，是用語言去解釋語言，但隨著後世研究範圍的拓展與訓釋方法的發展，訓詁的內容變

得越來越豐富了。雖然還以詞義、語義研究為中心推闡語言的源流演變，並探討、總結訓詁的體式、條例，但已不僅僅限於詞義、語義的範疇。不僅體式發生變化，訓詁學的研究對象也在發生變化。從歷代訓詁實踐來看，訓詁學的研究對象主要是儒家經典。從漢代罷黜百家、獨尊儒術始，經學成為佔據我國封建社會正宗地位的學術，訓詁學作為解經的工具，成為經學附庸，在長達兩千多年的封建社會裏，主要為經學服務。作為一種「以語言解釋語言」的學問，歷史上並非只有中國獨有「訓詁學」。印度歷史上的詮經學、歐洲古代的 philology 也運用了用語言來解釋語言的方法，只是這些學術隨著社會的變遷、語言文字的變易逐漸消失了，而中國傳統訓詁學作為隸屬於經學的學術，卻保存了下來。

雖然傳統訓詁學的主要研究對象是經學典籍，但從歷代訓詁實踐來看，訓詁學的對象並沒有僅僅限於經學，中國古代很多學科或學術、學問的發展，與訓詁學的關係很大，它們主要運用訓詁學的理論、方法來詮解各自領域的典籍，以傳承流變。這些文化遺產是非常寶貴的，如果重新審視、發掘、整理這類古代文獻，批判繼承傳統訓詁學理論，並從現代語言學視角探索新的理論與方法，深入發掘、拓展空間，那麼研究的成果將對訓詁學及其他科學門類的繼承與發展有著重要意義。如中國古代的律學。

律學又稱為「刑名之學」、「刑學」，指的是中國古代的法學。律學是與成文法同時產生並同步發展的，當「法」這一社會現象出現時，同時就產生了法思想或廣義的法學。隨著「法」即具體的法律原則或法條頒行，就需要對之進行注釋與詮解，也即進行立法解釋與司法解釋，「立法解釋重在闡述法的宗旨，而司法解釋則重在解決法條對具體案件的適用問題。」（武樹臣1996）

關於「律學」的界定，學界觀點並不統一。我們贊同以下界說：

張友漁、潘念之在《中國大百科全書·法學》序文「法學」中指出：通常所說的中國古代律學，「即根據儒家學說對以律為主的成文法進行講習、注解的法學。它不僅從文字上、邏輯上對律文進行解釋，也闡述某些法理，如關於禮和法的關係，對刑罰的寬與嚴，肉刑的存與廢，『律』、『令』、『例』等的運用，刑名的變遷以及聽訟、理獄等。」師棠（1990）的界定更為具體：「中國古代的律學，是研究制定法的內容及其如何適用的問題。它的研究對象是業已頒布的現行法，主要採用注釋詮解的經學方法，目的在於將制定法

更加妥帖地適用於實踐。律學濫觴於秦，發展於兩漢，昌盛於魏晉，至唐以後便趨向衰微。」何勤華（2004）進一步強調：「律學是中國古代特有的一門學問，是秦漢時期隨著成文法典的出現，統治階級為了使法典（因當時法典尚未定型，故也包括單行的律、令）得以貫徹實施而對其進行注釋詮解因而形成的一個學術研究領域，它是中國古代法學的一個重要組成部分⋯⋯」

　　因此儒家與法家、經學與律學的關係是極為密切的，經學注解的基本方法為訓詁，律學注解的基本方法亦為訓詁，這一點早已有學者明確指出過：「至東漢，訓詁已成為學術界相當普及的研究方法，儒者不但用它來注解經書，也用它來注解法律，從而使對法律條文和用語的分句析意更為明確、精密，使法律注釋的整體水平大為提高。」（何勤華 2004）所以訓詁學不但與經學的關係極為密切，與律學的關係亦非常密切，研究訓詁學的歷史嬗變，補充訓詁學理論體系之建設，既離不開對經學訓詁的研究，也離不開對律學訓詁及其他專科訓詁的研究。

　　「幫助人們正確理解和使用語言文字本是訓詁學的題中應有之義」（李建國 2002），兩千多年的訓詁學實踐業已證明，訓詁作為一種研究方法，已應用於幾乎任何一種以語言解釋語言的領域與學科。所以我們今天的訓詁學研究，應該視域開闊，應該重視經學訓詁之外的其他領域的訓詁研究。本文將主要應用訓詁學理論，從語言學視角探討《唐律疏議》問答體疏證的特點，兼及《唐律疏議》整部法典的訓詁，力圖發掘、整理、總結律學訓詁的特點，以期發現法律專科訓釋的獨特之處，為應用專科訓詁研究的拓展與理論的完善提供點滴借鑒。

　　律學訓詁與經學訓詁關係密切，但又有自身特點，我們首先將結合經學訓詁的歷代實踐，對律學訓詁發展脈絡進行簡單梳理，以歸納律學訓詁的內容、體式、義例。

## 2.1.2　中國傳統律學訓詁發展概要

### 2.1.2.1　先秦兩漢的律學訓詁

　　訓詁萌芽於何時，歷來爭論紛紜。我們認為訓詁濫觴於先秦。訓詁既然是解釋之謂，據理推斷，訓詁應該與語言相始終，有語言就有訓詁。考古材料證實，殷墟出土的甲骨刻辭中就出現了用語言解釋語言的現象。到了春秋戰國時期，散見於文獻正文中的訓詁，數量已經很多了。「據張新武的《先

秦文獻正文中詞義訓詁輯錄》統計，《周易》、《孝經》、《左傳》等 31 部書中共有 1562 條。就其所用訓詁方法來看，有形訓，有音訓，有義訓。」（黃孝德、羅邦柱 2007）先秦典籍的訓詁對象不限於儒家典籍的傳注，還有對諸子之作的解說，如《韓非子》有《解老篇》和《喻老篇》，就是對《老子》的注解。訓詁體式也已多樣化，約有傳、說、解、記數種。訓詁的方式多為經義的比附和義理的概說，詳於說理而略於求是，尚無後世訓詁那樣嚴格而有系統。總之先秦訓詁實踐處於萌芽與初步發展階段，「它的體式和方法還很粗略，它的運用還不夠自覺，甚至是隨意的和實用的，並且都未脫離具體語言環境。它作為儒家傳經和諸子辯學的工具為政治服務，因此沒有產生專門的訓詁著作，沒有形成有系統的訓詁學科。」（李建國 2002）

律學訓詁的發生也較早，一般認為，早在春秋戰國時期，隨著立法的進步以及中國古代語言學、文字學、邏輯學的發展，就已經出現了對立法事件、法律規定、法律術語的詮釋活動。《商君書·定分》中說：「諸官吏及民有問法令之所謂也於主法令之吏，皆各以其故所欲問之法令明告之。」百官及百姓要向主管法令的官員詢問法律問題，這表明律學一發端就建立了官方解釋之制，而且還表明律學訓詁的目的就是明告「法令之所謂」，即律學以法條的詮解為根本特徵。先秦時代少量的法律注釋活動還只是律學訓詁的萌芽，系統的律學訓詁的出現，還是秦漢時期。所以何勤華（2004）指出，作為特定的以注釋、闡述現行法為對象的中國古代律學，誕生於秦漢時期對法律的注釋活動，其標誌為秦代法律注釋書《法律答問》的出現，西漢董仲舒等人以經釋律、經義決獄，東漢馬融和鄭玄等人以經注律活動的展開。

秦代商鞅改法為律，並對法律作出準確、詳盡的解釋，目的是強調法律的統一適用，以調整急遽變動的社會關係，鞏固新建立的社會制度，這就為律學的產生和發展提供了載體。《睡虎地秦墓竹簡·法律答問》是目前為止所發現的戰國晚期至秦時期最完整的律學訓詁成果。1975 年湖北省雲夢縣睡虎地秦墓出土了一批竹簡，其中的《法律答問》部分是對律條的詮解，程序一般是先引用秦律原文，然後就法律條文的具體內容、定罪量刑原則、術語、立法意圖等作出解釋，多採用問答形式。

西漢武帝採納董仲舒的建議，罷黜百家、獨尊儒術，經學由此大興，作為解經的工具，訓詁學得到了長足的發展，因此兩漢時期訓詁學進入興盛時期。興盛的表現，一是儒家經典的注釋大量出現，著述豐富，名家輩出，大

師如林；二是出現了通釋語義的訓詁專書《爾雅》、《方言》等，還出現了全面解說文字的形、音、義的《說文解字》；三是訓詁的範圍擴大了，儒家經典之外，道家、法家、緯書、術數之類典籍的注釋也不斷出現。本來訓詁學作為語言解釋之學，是通釋語言的工具，三教九流、諸子百家都可以應用訓詁理論與方法來闡述觀點、申說主張。只不過一方面由於統治者的政治需要，將學術定於一尊，另一方面由於儒家經典數量多、門徒眾、流傳廣，因此訓詁的主要應用對象為儒家經典，但從當時的實際情況來看，又不僅僅限於儒家經典；四是兩漢時期傳、章句、詁、訓、訓詁、注、箋、微、條例等訓詁的主要體式均已出現，訓詁術語廣泛應用，訓詁方法完備。因此可以說兩漢時期訓詁學業已形成。

兩漢的律學訓詁有鮮明的特點，為後世律學研究開創了一系列傳統：「首先，開創了以經釋律的傳統；其次，開創了立法者同時編撰律疏的傳統；再次，開創了對法律的定義解釋、擴張解釋、限制解釋等的傳統；第四，開創了法律注釋活動與私學並行的傳統。」（何勤華 2004）「以經釋律」是兩漢律學的重要特徵，經義解律的具體表現，一是以儒家經義來闡述律令文意、立法背景、歷史淵源，如西漢董仲舒的「春秋決獄」，指的就是運用《春秋公羊傳》中的儒家學說來解釋當時現行的法律、審斷各種疑難案件，「以《春秋》微言大義進行有效的司法解釋，其結果推動了法律的儒家化，三綱成為立法的基石和司法的準繩，德主刑輔成為封建社會法制的正統指導思想。」（懷效鋒 2004）從此，儒法思想逐漸合流，儒家思想進一步深入到了國家的立法和司法活動當中。二是運用經學方法進行詮釋。這種經學方法，指的就是訓詁。何勤華（2004）指出，「至東漢，訓詁已成為學術界相當普及的研究方法，儒者不僅用它來注解經書，也用它來注解法律」。東漢時期，訓詁體式中研究儒家經典的章句之學也運用於注律，用章句注釋律條，使經律相互認同，推動了禮法的結合。諸儒之律章句十有餘家，如當時著名的經學大師馬融、鄭玄、叔孫通、郭令卿、杜周、杜延年等各為章句，在用訓詁方法解經的同時還注解了一些法律，這樣律學成為經學的分支而得以發展。《晉書·刑法志》記載，因當時律學訓詁著述甚豐、瀏覽繁難，兩漢時最重要的經學大師鄭玄的律章句，後被皇帝認定為唯一的有權解釋本，「但用鄭氏章句，不得雜用餘家」。

### 2.1.2.2　魏晉南北朝、隋唐時期的律學訓詁

魏晉以後玄學、佛學先後興起，打破了經學一統的局面，訓詁的範圍、

體式、方法都發生了變化。範圍進一步擴大到幾乎一切古籍文獻，經書之外，史、子、集都成為研究對象，少數民族語言和外國語言也成為訓釋的對象，訓詁向著專門和實用的方向發展。音義、集解、義疏、雜記等新體式產生，豐富和完善了訓詁的類型和方式，比較歸納、綜合考證成為訓詁中常用的方法。因此「中古時期是漢語訓詁學史上重要的發展時期。訓詁範圍的拓展，訓詁體式的完善，訓詁方法的演進，使中古時期的訓詁學成為上承漢學而遠紹清學的轉關。但是總的來講，它雖有發展，而守成多於創新，仍屬漢學系統。」（李建國 2002）

　　與訓詁學發展的總體方向相適應，魏晉南北朝時期的律學訓詁也得到了空前發展，先後出現了陳群、劉劭、鍾繇、傅幹、丁義、曹義、王朗等一批著名的律學家，懷效鋒（2004）認為，這一時期的律學訓詁具有鮮明的特點：第一，更集中於對現行律文注釋，成為名副其實的注釋律學。如張斐著《漢晉律序注》、《律解》；杜預著《律本》；賈充、杜預合著《刑法律本》等。其中張、杜的注釋文本，被國家推崇為權威之作，頒行全國。第二，律學逐漸擺脫對經學的附庸地位，發展成相對獨立的學科，注釋內容趨於規範化、科學化，其重心不再是引經注律，而是著重研究立法技術、法律運用、刑名原理、科罪量刑原則以及法律概念與術語的規範化解釋。第三，立法者直接參與法律注釋，律學研究與立法活動同步進行。這一時期的注律大家如陳群、賈充、劉頌、張斐、杜預等，在身份上都是國家重臣，他們是法律的制定者，又是執行者，由他們來注釋法律，不僅具有權威性，而且深得要領，洞悉淵源，既針對實際，又具有可操作性，容易博得國家的認可與推崇，使律學由私家注律復歸於官方解釋。

　　唐代律學訓詁以《唐律疏議》為代表，標誌著中國傳統律學進入成熟階段。《唐律疏議》以疏附於律文之後，對律文與注文逐詞逐句進行解釋，但又不僅解釋律意，同時還有對立法原則、法律精神的解釋，也有對司法實踐中可能出現的疑難案例的分析與處斷，是唐人在總結魏晉注釋律學的基礎上的進一步發展。這種由立法者直接進行立法解釋且律、注、疏統一於一典之內的方式，更便於執法者準確掌握立法意圖，避免在具體實施中出現偏差。

### 2.1.2.3　宋元明的律學訓詁

　　宋明時期的訓詁學，歷來評價不一，有學者認為宋代是訓詁學的變革時期，元明兩代趨向衰落，也有學者認為宋元明均處於傳統訓詁學的中衰時期。

我們贊同宋代為訓詁學的變革時期，這一時期的研究者敢於疑古創新，提出了漢唐舊注中不能提出的問題，多有創見；同時王聖美等學者創立「右文說」，給因聲求義的訓詁方法以重要佐證。元明兩代雖有個別學者提出一些新穎獨到的見解，但多數墨守宋人成訓，總體處於訓詁學的衰落時期。

　　與此相應，自宋至元律學訓詁亦逐漸衰微。宋代國家大法《宋刑統》基本照搬唐律，連律疏也一併收錄，終宋之世用之不改，法律重新注釋似已無必要，因此律學訓詁成果屈指可數，僅有孫奭的《律附音義》、傅霖的《刑統賦》等著，成果寥若晨星。元代，統治者將代表漢文化的唐宋法律體系整體上棄而不用，因此附生於該法律體系的律學也幾乎無人問津。明代經學訓詁成果雖然較少，但律學訓詁成果卻因統治者的鼓勵而蔚為壯觀。明太祖洪武三十年頒布的《大明律》脫胎於唐律，但又有所不同，法典體例更合理與簡明，比唐宋律有所發展，同時統治者還重視界定法律的解釋與適用，《明史·刑法志》載：「恐小民不能周知，命大理卿周楨等取所定之律令，自禮樂、錢糧、制度、選法外，凡民間所行之事類，取類成編，訓釋其義」，由此產生了《律令直解》這部官方注釋律令的成果。明中期以後，政治極端腐敗，統治者沒有能力組織較大規模的官方注律，因此私家注律不僅被認可，而且受到鼓勵，當時具有影響力的釋律著作不下二三十種。

### 2.1.2.4　清代及近代的律學訓詁

　　清代統治者出於政治需要，提倡尊孔讀經，並組織人力大規模整理文化遺產，同時一批知識分子迫於政治上的高壓，以經世致用為手段，力圖把改善社會理想與維護漢學傳統結合起來（黃孝德、羅邦柱 2007），這樣清代訓詁學全面復興，研究者眾多，名家輩出，如顧炎武、戴震、段玉裁、王念孫、王引之、俞樾、孫詒讓等。他們本著實事求是、無徵不信的學風，整理和注釋的古籍範圍包括經、史、子、集各部，訓詁體式已基本完備，方法也更為多樣與科學。總之清代的訓詁學研究範圍之廣、數量之多、質量之精，均已超過前代，成為中國訓詁學史上的黃金時代。清末至民國，訓詁學在乾嘉時代的基礎上又有一定發展，湧現出一批卓越的訓詁大師，如章太炎、王國維、黃侃、劉師培、沈兼士、楊樹達等，尤其是訓詁學家黃侃，成就斐然，被認為是中國訓詁學理論體系的建立者。

　　在訓詁學繁榮的大氣候下，清代律學訓詁也極為興盛。作為有清一代統一法典的《大清律例》結構上與《大明律》相同，雍正五年頒行《大清律集

解》進行解釋，從此律文不再修改，成為國家進行司法審判活動的最基本依據。「只是因時制宜，隨之纂例，加以小注，來補充和修改律文的不足，即所謂『律設大法，例順人情』。清朝立法體制所形成的律例關係，以及例因事變遷而急劇滋生所造成的牴牾和失衡，阻礙了對法律的遵行，這就要求律學家闡明律例關係，增強適用法律的準確性，提高司法的效率，從而為私家注律和律學的發展提供了廣闊的天地。」（懷效鋒 2004）清代卓有成就的律學訓詁專家以沈家本為代表，名家輩出，流派紛呈。訓詁體式亦多樣，有輯注、箋釋、全纂、匯纂、統纂集成、通考、圖說、律表、歌訣等，疏釋方法有文理解釋、系統解釋、邏輯解釋、歷史解釋、互校解釋、限制解釋、擴大解釋、類推解釋、判例解釋等，集法律解釋與律學訓詁之大成。

## 2.2 《唐律疏議》的訓詁內容與體式

《唐律疏議》法律解釋的基本手段是訓詁，篇章結構安排上的訓詁理念以及義疏體與問答體的訓詁體式體現了律學與訓詁學的完美結合。

### 2.2.1 篇章結構訓詁意識

《唐律疏議》的總體編排體例、各卷內容的先後順序均體現了立法者的立法意圖、法律思想，這種有意識有目的的篇章結構的安排一方面是立法技術科學合理的體現，另一方面是立法者明確的訓詁意識的體現。

#### 2.2.1.1 總體結構安排體現的訓詁意識

總體結構安排上，《唐律疏議》十二篇篇目次序的設置嚴謹、周密，體現了立法上嚴密的邏輯性。《名例律》為首篇，疏文曰：「名者，五刑之罪名；例者，五刑之體例。『名』訓為『命』，『例』訓為『比』，命諸篇之刑名，比諸篇之法例。但名因罪立，事由犯生，命名即刑應，比例即事表，故以名例為首篇。」《名例律》主要規定全律通用的刑名與原則，包括五刑、十惡、八議等法律術語的定義以及刑罰制度、特權制度、附帶行政制裁制度、法律適用等整部刑律通用的刑法原則和刑法制度，因而置於十二篇之篇首，為全律的綱領。現代刑法在立法上明確劃分為總則和分則的結構體系，最早是由第一部資產階級刑法典即 1791 年法國刑法典確立的，雖然中國封建法典並沒有現代刑法中明確的「總則」、「分則」的概念與術語，但唐律中的《名例

律》已相當於現代刑法的總則，與其他各篇在實質上形成了總分關係。從《名例律》篇首之序疏有關歷史沿革的介紹中，可知中國封建法典中關於通則的規定獨立成篇並置於全律之首，起源於魏晉，確立於北齊，至隋唐相承不改。「名例」與其他各篇的總分關係，亦為後世封建法典因襲沿用。「『名例』之名，一直沿用到 1910 年清末的《大清現行刑律》。1910 年清政府頒布《大清新刑律》時，把『名例』改為『總則』，其他稱為『分則』。」（錢大群 2000）

　　《名例律》之外，將不同犯罪按類別分為十一篇，這十一篇相當於現代刑法中的分則。十一篇分則的順序亦並非任意排列，而是依據統治者的立法思想及司法實踐的自然程序來安排次序。

　　《衛禁律》置於《名例律》之後，位於整部刑律的第二篇。《衛禁律》篇首之疏文對此給予明確疏釋：「敬上防非，於事尤重，故次《名例》之下，居諸篇之首。」此篇刑律主要規定違犯宮廷禁制、宮廷警衛制度、邊防戍衛制度方面的犯罪及處罰，因為保衛代表國家的皇帝，維護皇帝至高無上的權威，嚴懲危害皇權及國家安全的犯罪，是封建立法的重中之重，故列為第二篇。

　　《職制律》置於第三篇，篇首之疏文解釋說：「宮衛事了，設官為次，故在《衛禁》之下。」嚴格治吏也是唐代一個重要的法律思想，監督吏治，使之依法行使職權並恪盡職守，以保證國家機器的正常運轉，這對於維護專制主義中央集權的國家制度至關重要，因此將《職制律》列為第三篇。

　　《戶婚律》置於第四篇，篇首之疏文解釋說：「既論職司事訖，即戶口、婚姻，故次《職制》之下。」立法者認為，戶籍、婚姻制度的完善對維護穩定的宗法關係與等級關係有重要意義，因此將其列為第四篇。

　　《廄庫律》置於第五篇，篇首之疏文解釋為：「戶事既終，廄庫為次，故在《戶婚》之下。」馬牛等牲畜及相應的畜牧管理制度與倉庫保管制度，對於日常與戰時的物資儲備有特殊意義，故列為第五篇，位於《戶婚律》之下。

　　《擅興律》置於第六篇，篇首之疏文解釋說：「大事在於軍戎，設法須為重防。廄庫足訖，須備不虞，故此論兵次於廄庫之下。」嚴懲畜牧管理及物資儲備制度上的不法行為，軍事及工程興建才會有充足的保障，因此《擅興律》緊接《廄庫律》之後，列於第六篇。

　　《賊盜律》置於第七篇，篇首之疏文解釋說：「前禁擅發兵馬，此須防止盜賊，故次《擅興》之下。」立法者認為在防禦外敵、完善國防制度之後，懲治內部危害國家安全、擾亂社會秩序的犯罪就顯得尤為重要，因此將《賊盜律》

列為第七篇。

《鬥訟律》置於第八篇，篇首之疏文解釋說：「賊盜之後，須防鬥訟，故次於《賊盜》之下。」立法者認為，懲治「賊殺」與「盜竊」兩類刑事犯罪之後，緊接著需要懲治的是「鬥毆」與「違律告訟」之犯罪，因此列於《賊盜律》之後，位於第八篇。

《詐偽律》置於第九篇，篇首疏文說：「鬥訟之後，須防詐偽，故次《鬥訟》之下。」立法者認為懲治「鬥毆」與「違律告訟」之後，需嚴防詐騙罪與偽造罪等，故將《詐偽律》列為第九篇。

《雜律》置於第十篇，篇首疏文說：「諸篇罪名各有條例，此篇拾遺補闕，錯綜成文，班雜不同，故次《詐偽》之下。」為使整部刑律內容更加完備，防止遺漏，立法者特設一篇「拾遺補闕」。儘管今天看來《雜律》裏的很多律條都可歸入前面其他專門類別的篇目裏，但立法者力求完善的縝密的立法思想還是相當明晰的。

由此可見，從《衛禁律》至《雜律》，九篇的次序均為精心安排，依統治者對不同領域的重視程度以及「依統治者對被調整社會關係的評價安排順序」（錢大群 2000），處處體現立法者維護封建等級制與封建宗法制的法律思想，因此劉俊文（1996）指出，唐律的精義一言以蔽之，就是維護以皇帝為首腦的等級身份制和以尊長為中心的家族名分制，使「尊卑貴賤，等數不同，刑名輕重，粲然有別」，從而穩定並鞏固封建的等級關係和封建的宗法關係，以及建立在這兩種關係之上的封建社會的基本秩序。

《雜律》「拾遺補闕」之後，全律到此似乎應該立法完畢，但《雜律》之後緊接的是第十一篇《捕亡律》與第十二篇《斷獄律》。既然《雜律》是「拾遺補闕」，那麼「拾遺補闕」之後全律到此似乎應該結篇，但《唐律疏議》「把有關捕捉、逃亡及審斷的篇目，放在所有規定其他違法犯罪的篇目之後，既考慮刑律執行的自然程序，也符合法典查閱方便的要求。這是唐律篇目順序排列中的又一個特點，實際也是中國封建刑律在結構上的一大特色。」（錢大群2000）

《捕亡律》篇首之疏文說：「然此篇以上，質定刑名。若有逃亡，恐其滋蔓，故須補繫，以置疏網，故次《雜律》之下。」意謂此篇之前的各篇，罪名確定之後，如有企圖逃脫懲治的行為，將予以追捕、監管，防止不法行為延續，此篇即是涉於逮捕逃亡者的違法犯罪。第十二篇《斷獄律》篇首的疏

文說：「諸篇罪名，各有類例，訊舍出入，各立章程，此篇錯綜，一部條流，以為決斷之法，故承眾篇之下。」意謂各種罪名、輕重等級、抓捕釋放，相關的條例制度已歸入前面各篇，這篇專門規定審判及處刑方面的違法犯罪，所以要放在全律最後。由第十一篇及第十二篇之篇首疏文可知，立法者把有關逮捕及審判的篇目作為全律的最後兩篇，是考慮司法實踐的自然程序，刑事犯罪以定罪、抓捕、審判為自然順序，有關逮捕、審斷的篇目自然要放在全律的最後。

### 2.2.1.2 各篇內容安排體現的訓詁意識

各篇內容次序上，十一篇分則裏，只要有與直接侵犯皇帝與皇權相關的犯罪，安排上均把此類內容作為最重要的部分放在前面，體現了優先保護皇帝、皇權的立法思想。第二篇《衛禁律》，將懲治「闌入太廟門及山陵兆域門」等擅入皇家陵廟禁區的犯罪放在首條；第三篇《職制律》，將懲治「官有員數，而署置過限及不應置而置」這類官吏超編和非法設置機構等妨害皇權行使的犯罪放在首條；第四篇《戶婚律》，將懲治「脫戶」、「脫口」及「增減年狀」這類脫漏戶籍、人口及增減人口年齡、身體狀況的違犯戶籍、賦稅徵收制度的犯罪放在首條，因此類犯罪直接擾亂國家賦稅徵繳制度，危害皇帝利益；第六篇《擅興律》，將懲治「擅發兵」、「擅給兵」以及「急須兵不即調發不即給與」的犯罪放在首條，意在維護皇帝對調兵遣將的控制權；第七篇《賊盜律》，將懲治「謀反」「大逆」等直接侵害皇帝人身安全、顛覆政權的犯罪放在首條；第九篇《詐偽律》，將「偽造皇帝八寶」、「太皇太后、皇太后、皇后、皇太子寶」這類偽造代表皇帝至高無上權力的印璽的犯罪放在首條，其中偽造皇帝、三后御寶入十惡「大不敬」條處斬、絞極刑。可見唐律各篇在內容上確定先後順序的原則之一是「凸出皇帝在國家生活中的地位」，「封建立法者從魏《新律》把《名律》（當時稱為『刑名』）列為首篇之後，早就有意識地利用這一點為維護其統治服務。北齊開始把所謂『重罪十條』列入律首，隋唐把『十惡』列於律首，唐律在『十惡』條下之疏文說，因為『十惡』『虧損名權，毀裂冠冕』，所以『特標篇首，以為明戒』。」（錢大群 2000）

《唐律疏議》的篇章結構即總體編排、各卷內容的先後順序體現了立法者的訓詁意識，即立法者通過這樣的安排想要傳達的立法意圖。十二篇之篇目次序按照先總則後分則的順序排列，十一篇分則的次序則依據統治者對不同領域的重視程度以及對被調整社會關係的評價安排順序，這樣的編排體例處處

體現立法者維護封建等級制與封建宗法制，以及封建君主專制中央集權制度的法律思想。各篇之內容次序按先重罪後輕罪的順序安排，重罪是直接侵犯皇帝與皇權的犯罪，把此類犯罪作為最重要的部分放在前面，體現了君權至上的立法思想。

## 2.2.2　疏文的義疏體訓詁與問答體訓詁

《唐律疏議》的「律」為《永徽律》，《永徽律》於永徽二年以十二卷律下隨文附注的形式頒行，注文對律文只略作注釋。永徽四年又再次附疏頒行，稱為《永徽律疏》，篇幅增至三十卷，「注」只釋律，「疏」兼釋律與注，疏文雖稍後頒行，但因都屬同一批立法者作疏，所以「疏不破注」。律、注、疏一體的形式與現代法律解釋的方式不同，現代法律解釋基本都在法律條文之外進行，另行頒布，而唐律的法律解釋附於律文與注文之下，律、注、疏統一於一典之內。

《唐律疏議》的疏文以「疏」字提起，由「議」及「問答」兩部分組成，「議」以「議曰」為發語詞進行解釋，問答以「問曰」「答曰」作發語詞提問與解答。「議」與「問答」都屬於「疏」的部分，是平列關係而不是從屬關係，有的《唐律疏議》的版本在版式編排上就體現了這個特點，律文頂格，「疏」的整體部分都比律文低一格，而「議曰」與「問曰」「答曰」都比疏再低一格平列。

### 2.2.2.1　律「疏」與義疏體訓詁

關於「疏」的含義，《名例律》篇首的疏文作了解釋：

昔者，聖人製作謂之為「經」，傳師所說則謂之為「傳」，此則丘明、子夏於《春秋》、《禮經》作傳是也。近代以來，兼經注而明之則謂之為「義疏」。「疏」之為字，本以疏闊、疏遠立名。又，廣雅云：「疏者，識也。」案「疏」訓「識」，則書疏記識之道存焉。

《名例律》篇首疏文認為「疏」有三個含義，一是相當於「傳」，是解釋經與注的，如同左丘明、子夏為《春秋》、《禮經》作的傳一樣；二，究其本義意為「疏闊」、「疏遠」；三是訓為「識」，意為「記」。我們認為，《唐律疏議》律疏的「疏」有「疏解」的意思，同時也是一種訓詁體式，與同時講解經文和注文的「傳」一樣，是一種把律文和注文放在一起進行疏解的訓詁體式。

對「疏」（或稱「義疏」）這種訓詁體式，學界界定不盡相同。

張永言（1985）：到了南北朝時期又產生了一些疏解經義的「義疏」和「講疏」。

郭在貽（1986）：所謂義疏，也是一種傳注形式，其名源於六朝佛家的解釋佛典，以後泛指會通古書義理，加以闡釋發揮的書。

周大璞（1987）：義疏是兼釋經注的一種訓詁形式，它萌芽於漢末，而盛行於六朝。

路廣正（1996）：義疏者，疏通其義也。起於六朝時，與佛家講經說法的疏本不無關係。六朝去古已遠，古書不易讀懂，連漢人之注也須加以解釋方能明白，於是模彷佛教徒講經時的方法，產生既注經文又疏經注的「義疏」。

李建國（2002）：（漢代）章句訓詁是傳注訓詁體式的完善和發展，到了六朝，便演化為義疏體了。

孫尚勇（2009）：考之實際，六朝儒家義疏之學應是傳統章句之學的新發展。

以上各說表述不盡相同，但對「義疏」這種訓詁體式特點的確認是一致的，即義疏是一種既釋經又釋注的訓詁，與只釋經的「注」不同。關於義疏的產生年代，諸家多認為產生於六朝。李建國（2002）認為，雖出現於六朝，但源於漢代的章句訓詁，「章句就是離章辨句的意思，在解釋詞義之外，再串講文章大意。它本專施於《詩》，後來離析諸書文句，也稱作章句。東漢徐防說過：『詩、書、禮、樂，定自仲尼；發明章句，始於子夏。』章句或許淵源有自，但以名書，則始於西漢。」

我們認為義疏體訓詁體式成熟於六朝，實際遺留了章句訓詁的特點。傳統經學訓詁多以字、詞、章句作為訓釋對象，清儒焦循談到「章句」時說，「既分其章，又依句敷衍而發明之，所謂『章句』也。……疊訓詁於語句之中，繪本義於錯綜之內。」（《孟子正義》卷一）王寧（1996）提出，章句訓詁是一種直譯式的訓詁體式，「這種體式以句子為基本訓釋單位，把字詞的注釋融嵌進句子的直譯之中，從而達到對章旨的探討。這種體式的優點是對文獻的注釋更富於整體性，更有利於對全篇主題的開掘。」律章句興於漢代，漢代律學訓詁實踐表明，律學家運用章句這種注疏體裁「解詞、解句、析章分篇，並對典章制度、名物習俗的沿革流變、時代背景進行說明」（龍大軒2006）《唐律疏議》問答體疏證「議曰」部分對律注逐句釋詞、釋義，主要以章句解析的形式進行，與以往章句訓詁不同的是，唐律在具體釋義前加了一

個「疏」，然後以「議曰」領起。

關於義疏產生於六朝的原因，多認為與佛教的流行有關。「導致義疏產生的直接原因，則是佛教對儒學的刺激和啟迪。六朝時，佛教已從佛經翻譯發展到佛經的講解，由對佛經斟詞酌句的注釋到佛經義理的闡發，佛學盛極一時。面對佛教的挑戰，為求自身的生存和正統領導地位，儒生學習佛教僧徒推衍義旨、替佛經作疏的方法，根據作者的研究，申明經旨，闡發義理，為儒家經典作疏。」「佛教僧徒推衍義旨，宣講經義，替佛經作疏，解釋比注經更為周詳，又直接啟示了儒家。後來儒生也為儒家經典作疏，依據作者的研究，申明經旨，闡發義理，經學也由傳注的字義訓詁發展為義疏講章之學。」（李建國 2002）

義疏體訓詁在詮釋經文與注文的同時解釋詞語、串講文義、說明語法、敘事考史、發凡起例、闡述儒家義理、考證名物禮制，比以往的訓詁體式更為實用，成為後世注釋訓詁的重要體式，到隋朝已十分發達。

《唐律疏議》的「律疏」部分逐句逐條疏解律、注，解釋法律術語、疏通文意、敘述法理、闡發法律思想，同時進行補充，這種補充擴大了律條的適用範圍，同時因唐律的法律解釋為有權解釋，即疏與律條具有同等的法律效力，因此這種補充起到了增修刑律的作用。清代學者勵廷儀在《新刊故唐律疏議序》中對《唐律疏議》的義疏體訓詁給予高度評價，認為《唐律疏議》「凡五百條，共三十卷。其疏義則條分縷別，句推字解，闡發詳明，能補律文之所未備。其設為問答，互相辨難，精思妙意，層出不窮，剖析疑義，毫無遺剩。……洵可為後世法律之章程矣。」（曹漫之 1989）

### 2.2.2.2 「議曰」與「問答」

《唐律疏議》疏文裏的「議」及「問答」各司其職、各有側重，互為補充，共同完成對唐律這部法典的詞語與章句的訓詁。「議」對律文與注文逐條逐句進行解釋，闡明律義，析解內涵，敘述法理，補充不周不備之處。訓釋的詞語主要是法律術語，即使詮釋非法律術語，也限定於法律內涵的疏解。「議」還同時疏通律文及注文文意，並闡明法律思想，更重於立法解釋。「問答」以虛擬疑難案例提問並作答的形式，假設疑難案例，據此提出問題並就罪名、法定刑判定等給予解答，對以「議」的形式解析而不能及的內容進行補充訓釋，更重於司法解釋，也體現了專科訓詁與傳統經學訓詁在訓釋方法上的不同。「問答」也辨析法律術語，但多為疑難案例的解析，對複雜紛紜的疑難案例釐清混

雜、明晰定罪與量刑。「議」與「問答」訓詁都有較為固定的訓釋程序，也有一些常用的訓釋用語。「議」注重解釋立法者的立法意圖，更重理論性，「問答」重視司法適用的解釋，更具實用性。所以「議曰」部分與「問答」部分共同承擔了對這部法典的「疏證」任務。

### 2.2.2.3 「議曰」的訓詁內容、訓詁程序、訓詁術語

### 2.2.2.3.1 「議曰」的訓詁內容

「議」部分的訓詁內容，有詞語訓釋，律義的解釋與疏通、補充與限定，法理解釋如罪名歸屬、罪狀描述、刑罰等級與處斷，以及法律思想、立法原則的闡明等。

例1：T1【疏】議曰：笞者，擊也，又訓為恥。言人有小愆，法須懲戒，故加捶撻以恥之。漢時笞則用竹，今時則用楚。故書云「撲作教刑」，即其義也。漢文帝十三年，太倉令淳于意女緹縈上書，願沒入為官婢，以贖父刑。帝悲其意，遂改肉刑：當黥者髡鉗為城奴令舂，當劓者笞三百。此即笞、杖之目，未有區分。笞擊之刑，刑之薄者也。隨時沿革，輕重不同，俱期無刑，義唯必措。孝經援神契云：「聖人制五刑，以法五行。」禮云：「刑者，侀也，成也。一成而不可變，故君子盡心焉。」孝經鉤命決云：「刑者，侀也，質罪示終。」然殺人者死，傷人者刑，百王之所同，其所由來尚矣。從笞十至五十，其數有五，故曰「笞刑五」。徒、杖之數，亦準此。

按：此疏議有對「笞」、「刑」之類的法律術語的訓釋，訓釋時既解義又追溯源流、記述沿革演變；也有對法律思想的闡明，「隨時沿革，輕重不同，俱期無刑，義唯必措」是說笞刑雖屬薄刑，但一旦施加，後果不可改變，所以執法者必須做到公正，不能濫施刑罰。這是唐初統治者德主刑輔法律思想的體現。

例2：T162【疏】議曰：凡是同居之內，必有尊長。尊長既在，子孫無所自專。若卑幼不由尊長，私輒用當家財物者，十疋笞十，十疋加一等，罪止杖一百。「即同居應分」，謂準令分別。而財物不均平者，準戶令：「應分田宅及財物者，兄弟均分。妻家所得之財，不在分限。兄弟亡者，子承父分。」違此令文者，是為「不均平」。謂兄弟二人，均分百疋之絹，一取六十疋，計所侵十疋，合杖八十之類，是名「坐贓論減三等」。

按：疏議開端「凡是同居之內，必有尊長。尊長既在，子孫無所自專」是闡明禮法，以示此法條的立法緣由。

例 3：T249【疏】議曰：「女許嫁已定」，謂有許婚之書及私約，或已納娉財，雖未成，皆歸其夫。「出養」，謂男女為人所養。「入道」，謂為道士、女官，若僧、尼。「娉妻未成者」，雖克吉日，男女未相見，並不追坐。出養者，從所養家緣坐，不涉本生。「道士及婦人」，稱道士，僧、尼亦同；婦人不限在室及出嫁、入道。若部曲、奴婢者，奴婢不限官、私。「犯反逆者，止坐其身」，自道士以下，若犯謀反、大逆，並無緣坐，故云「止坐其身」。

按：此疏議依律注語序，對術語進行解釋、文意進行疏通，同時亦有對律條內容的補充說明，如「稱道士，僧、尼亦同」。

例 4：T251【疏】議曰：叛者，身得斬罪，妻、子仍流二千里。若唯有妻及子年十五以下合贖，婦人不可獨流，須依留住之法，加杖、居作。若子年十六以上，依式流配，其母至配所免居作。在室之女，不在配限，名例律「緣坐者，女不同」故也。若率部眾百人以上，罪狀尤重，故父母及妻、子流三千里。所率雖不滿百人，以故為害者，以百人以上論。注云「害，謂有所攻擊虜掠者」，或攻擊城隍，或虜掠百姓，依百人以上論，各身處斬，父母、妻、子流三千里。其攻擊城隍，因即拒守，自依反法。

按：此類疏議對某種犯罪的罪名、罪狀、法定刑進行界定與處斷。

### 2.2.2.3.2 「議曰」的訓釋程序及訓釋用語

「議」部分的訓詁基本按律、注的語序，對一些法律術語的內涵進行界定，並逐句釋義，同時對法條的適用作限制或補充說明。訓釋程序及訓釋用語以「謂某者，某」、「某者，謂某」、「某者，某」、「稱某者，謂某」、「稱某者，某」、「稱某者，某也」、「某，故云某」、「某，故某」、「某，某是也」、「某者，某也」、「稱某者，謂某，故云某」等的使用最為常見：

例 1：T8【疏】議曰：流罪以下，犯狀既輕，所司減訖，自依常斷。其犯十惡者，死罪不得上請，流罪以下不得減罪，故云「不用此律」。

按：「其犯十惡者」為被訓釋內容，「故云『不用此律』」為訓釋內容，訓釋程序及術語為「某，故云某」。

例 2：T9【疏】議曰：八議之人，蔭及期以上親及孫，入請。期親者，謂伯叔父母、姑、兄弟、姊妹、妻、子及兄弟子之類。又例云：「稱期親者，曾，高同。」及孫者，謂嫡孫、眾孫皆是，曾、玄亦同。其子孫之婦，服雖輕而義眾，亦同期親之例。曾、玄之婦者，非。

按：此疏議三次使用訓釋術語。「期親者」為被訓釋內容，「謂伯叔父母、

姑、兄弟、姊妹、妻、子及兄弟子之類」為訓釋內容，訓釋程序及用語為「某者，謂某」；「孫者」為被訓釋內容，「謂嫡孫、眾孫皆是，曾、玄亦同」為訓釋內容，訓釋程序及用語為「某者，謂某」；「曾、玄之婦者」為省略部分成分的被訓釋內容，「非」為訓釋內容，訓釋程序及用語為「某者，某」。

例 3：T80【疏】議曰：謂以當色下直、非當上之人自代及代之者，各杖一百。京城門各減一等者，謂明德等諸門，以非應守衛人自代，從一年徒上減一等；以應守衛人自代，從一百杖上減一等。

按：「謂以當色下直、非當上之人自代及代之者」為被訓釋內容，「各杖一百」為訓釋內容，訓釋程序及用語為「謂某者，某」；「京城門各減一等者」為被訓釋內容，「謂明德等諸門，以非應守衛人自代，從一年徒上減一等；以應守衛人自代，從一百杖上減一等」為訓釋內容，訓釋程序及用語為「某者，謂某」。

例 4：T7【疏】議曰：太皇太后者，皇帝祖母也。皇太后者，皇帝母也。加「太」者，太之言大也，易稱「太極」，蓋取尊大之意。稱「皇」者，因子以明母也。其二后蔭及緦麻以上親，緦麻之親有四：曾祖兄弟、祖從父兄弟、父再從兄弟、身之三從兄弟是也。

按：「太皇太后者」為被訓釋內容，「皇帝祖母也」為訓釋內容，訓釋程序及用語為「某者，某也」；「稱『皇』者」為被訓釋內容，「因子以明母也」為訓釋內容，訓釋程序及用語為「稱某者，某也」。

例 5：T8【疏】議曰：議者，原情議罪者，謂原其本情，議其犯罪。稱定刑之律而不正決之者，謂奏狀之內，唯云準犯依律合死，不敢正言絞、斬，故云「不正決之」。

按：「稱定刑之律而不正決之者」為被訓釋內容，「謂奏狀之內，唯云準犯依律合死，不敢正言絞、斬」為訓釋內容，「故云『不正決之』」為重複被訓釋內容，訓釋程序及用語為「稱某者，謂某，故云某」。

## 2.3　問答體疏證溯源

《唐律疏議》502 條律條中計有 118 條律條內出現問答體疏證，共計 178 處，何勤華（2000）指出，「《唐律疏議》這麼頻繁地運用答疑的解釋方法，在古今中外法律文化史上也是少見的。由於這一特徵，使唐律的實際可操作性大大提高，對司法實踐部門的指導作用也大大加強。」

　　問答體疏證方式對中國律學訓詁的影響是巨大的，以問答形式疏解法律的傳統從秦代一直應用到明清時代。問答體疏證出現的歷史可以追溯到先秦時代，當時的一些典籍中就有此類訓詁方法的記載，只是應用很少。秦代成為律學訓詁使用的方法之一。到了魏晉南北朝時期，由於佛學論疏的影響，問答體疏證的應用開始增多，唐代成為《唐律疏議》律學訓詁使用的重要方法之一，明代的律學訓詁也沿用了這種方法。

## 2.3.1　先秦源起與秦代的《法律答問》

　　有歷史記載的最早使用問答體疏證進行訓詁的典籍，當屬《儀禮·喪服傳》。《儀禮·喪服傳》是孔子的學生子夏用來解釋古代「天子以下死而相喪，衣服年月親疏隆殺之禮」即喪服禮制的。如對《喪服》「斬衰裳，苴絰杖絞帶，冠繩纓，菅屨者」一句的注解：

　　傳曰：斬者何？不緝也。苴絰者，麻之有蕡者也。苴絰大搹。左本在下。去五分一以為帶。齊衰之絰，斬衰之帶也，去五分一以為帶。大功之絰，齊衰之帶也，去五分一以為帶。小功之絰，大功之帶也，去五分一以為帶。緦麻之絰，小功之帶也，去五分一以為帶。苴杖，竹也。削杖，桐也。杖各齊其心，皆下本。杖者何？爵也。無爵而杖者何？擔主也。非主而杖者何？輔病也。童子何以不杖？不能病也。婦人何以不杖？亦不能病也。絞帶者，繩帶也。冠繩纓，條屬，右縫，冠六升外畢，鍛而勿灰，衰三升。菅屨者，菅菲也。外納，居倚廬，寢苫枕塊，哭晝夜無時；歠粥，朝一溢米，夕一溢米；寢不說絰帶。既虞，翦屏柱楣，寢有席，食蔬食水飲，朝一哭、夕一哭而已。既練，舍外寢，始食菜果，飯素食，哭無時。

　　這段關於喪服禮制的解釋有對專有名詞的解釋，也有對不同尊卑、親疏關係的不同喪服儀禮的說明，訓詁方法有傳統傳注形式，也有問答形式。六處問答以疑問詞「者何」、「何以」設問，以隨文釋義的形式與解詞說句的傳注訓詁混雜在一起，還沒有單獨排列，也沒有嚴整的格式。

　　先秦其他文獻如《左傳》、《韓非子》、《呂氏春秋》、《商君書》正文中都出現過問答的訓釋形式，如：

　　公曰：「多語寡人辰，而莫同。何謂辰？」對曰：「日月之會是謂辰，故以配日。」公曰：「何謂六物？」對曰：「歲、時、日、月、星、辰是謂也。」
　　——《左傳·昭公七年》

何謂刑德？曰：殺戮之謂刑，慶賞之謂德。──《韓非子二·柄》

何謂六戚？父母兄弟妻子。──《呂氏春秋·論人》

奚謂輕法？其賞少而威薄，淫道不塞之謂也。──《商君書·外內》

現存最早使用問答體疏證疏解法律的文獻，為秦代的《睡虎地秦墓竹簡·法律答問》。這批竹簡 1975 年於湖北省雲夢縣睡虎地出土，《法律答問》部分共計竹簡 210 支，解釋法律 187 條，多採用問答的形式，對秦律的主體部分即刑法中的術語、律義做出明確的解釋。何勤華（2004）指出，由於秦代商鞅變法，實行「權制獨斷於君」，主張由國家制定統一的政令和設置官吏統一解釋法令，因此《法律答問》決不會是私人對法律的任意解釋，在當時應具有法律效力。

也就是說，《睡虎地秦墓竹簡·法律答問》對法律的解釋是有權解釋，與律條一樣具有法律的權威性與有效性。

據吉仕梅（2004）統計，《睡簡·法律答問》以問答形式解釋詞語 69 條。發問的方式有幾個類型：以「可（何）謂」發問；以「可（何）如」發問；以「可（何）」發問；用反覆問句發問。69 條釋詞中的 66 條使用訓釋術語，訓釋術語包括：……也；……者，……也；為；是謂；謂；之謂；命曰；命……曰；或曰；如。訓釋方式有代語、界說、描寫、舉例、說明類屬。如：

可（何）謂「旅人」？·寄及客，是謂「旅人」。

可（何）謂「耐卜隸」、「耐史隸」？卜、史當耐者皆耐以為卜、史隸。

可（何）如為「封」？「封」即田千佰。

可（何）如為「大痍」？「大痍」者，支（肢）或未斷，及將長令二人扶出之，為「大痍」。

可見此時的問答式訓釋無論從訓釋內容還是訓釋方法、訓釋術語的使用上都已不是單一、簡單的形式，程序可以說較為嚴整，術語的使用較為多樣，有的訓釋術語很少為訓詁學專著所提及，如「命曰」、「命…曰」，有的訓釋術語如「即」字在先秦典籍中尚未發現用例。（吉仕梅 2004）

漢代儒經也有雜以問答進行訓釋的，如《公羊義疏》中多自設問答，此例他書不見。（饒宗頤 1993）

### 2.3.2　魏晉南北朝佛經論疏方法的影響與強化

到了魏晉南北朝時期，問答體疏證的應用開始增多，王啟濤（2001）認

為：「在南北朝盛行的各種文獻義疏，還有一個特點：即是問答體。因此，義疏有時又叫『答問』，《梁書・武帝紀》載梁武帝：造《制旨孝經義》、《周易講疏》及六十四卦、二《繫》、《文言》、《序卦》等義，《樂記義》、《毛詩答問》、《春秋答問》、《尚書大義》、《中庸講疏》、《孔子正言》、《老子講疏》，凡二百餘卷，並正先儒之謎，開古聖之旨，王侯朝臣皆奉表質疑，高祖皆為解釋。」《毛詩答問》、《春秋答問》雖已失傳，但從篇名來看這類訓詁應該是以問答形式或主要以問答形式進行疏證的。

問答體疏證的發展與佛學的「講經」和「論疏」有關。湯用彤（1983）考證認為：佛教傳說，結集三藏時，本係一人發問，一人唱演佛語，如此往復，以致終了。集為一經，故佛經文體，亦多取斯式，如安世高所譯之《陰持入經》（此經實屬《阿毗曇》也）。茲節其開首數句於下：佛經所行示數誡，皆在三部，為五陰。何者為三？一為五陰，二為六本，三為從所入。五陰為何等？一為色，二為痛，三為想，四為行，五為識，是為五陰。又沙門受戒時，說戒亦一師發問，一人對答，此皆都講制度之根源。按此制最適合於講《阿毗曇》，想當時講《陰持入經》時，法師先提示佛之教誡皆在三部，次有一人唱問：「何等為三？」法師乃出陰持入三事，彼人復問：「五陰為何等？」師乃出陰之五事。如是往復問答，以致終卷。此等條目分析之文體，自洽可用都講。又吳支謙譯《大明度無極經・第一品》有曰：「善業為法都講。」又曰：「諸佛弟子所問應答。」其文下原有注曰：「善業（謂須菩提）於此清淨法中為都講。秋露子（謂舍利佛）於無比法中為都講。」據此，則都講之制，出於佛書之問答，至為明晰。

饒宗頤（1993）考證後亦認為：漢土經疏文體，其中有雜以問答者，如《公羊義疏》中多自設問答，文復語繁，惟此例他書不見。《四庫提要》以為乃唐末之文體，湯錫予則謂一問一答為佛教都講之制，故逐條以演其義。牟先生以為「疏」即講經之記錄，而整理記錄，於講後撰寫自不能不記。故譏四庫館臣徒見後世之文體，而昧於講經問答之制。然今觀《大疏》，注中多條例問答，且自問自答，一如《公羊疏》。而帕氏之疏，亦依其問答，逐一加以補充。文體亦自設問答，可見此中臚列問答之文體，乃以真正之對話方式出之，天竺注疏，自昔已然，蓋因辯證，以求正解，故設為問答，此為一種 Catechism，又《奧義書》中發為問答，亦數數見，蓋已形成一種文體，略如漢土對問客難之制（《文心雕龍》列為雜文之一體）。佛家講經，事出後起，疏中問答，庸有出

於辯難之記錄，然其出於作者之騁詞設論，恐亦不少。觀於《大疏》疏中之問答，乃依據注中之問答，加以闡明。則其非為講經問答之記錄可知。梵書不特疏有問答，注亦有問答，則漢土所罕見，此又兩者懸殊之處矣。

　　問答體本為佛經的一種文體，後來經師講經、注經的時候也採用了這種問答式，而且「不特疏有問答，注亦有問答」，這是「漢土所罕見」的。佛教大概於東漢初年傳入中國，至魏晉南北朝成為與儒、道分庭抗禮的學說之一，佛經廣為傳播，佛教徒甚眾，因此這種問答體式強化了原本既已存在的傳統訓詁方法，增加了使用的頻率，並使之成熟與完善。

### 2.3.3　唐代律學訓詁的重要方法

　　到了唐代，問答體疏證作為一種訓詁方法已較為成熟。如在《唐律疏議》中，一是在編排體例上，與「議曰」並行，形式上單獨排列，不再是隨文釋義的形式，顯示同為「疏」之下的訓詁方法之一。二是格式非常嚴整，問式皆以「問曰」起問，如針對同一律條的內容或相關內容二次以上發問，則用「又問」，答式無論是第幾問的回答，皆用「答曰」領起。三是問答體疏證作為與「議曰」並列的訓詁方法在《唐律疏議》裏使用較為頻繁，同時問答體疏證內部問式與答式使用的具體的微觀的疏證方法、訓釋程序與用語也較多，與經學訓詁比較，有些較為特殊。

### 2.3.4　明清延續

　　明代何廣的《律解辯疑》是明代早期律例注釋的重要著作之一，用「講曰」、「解曰」、「議曰」、「注云」、「又曰」、「問曰」、「答曰」等格式對《大明律》的律文進行講解和注釋。全書二冊，三十卷，《明史・藝文志》雖無記載，但北京圖書館善本書館有其刻本，上海社會科學院圖書館亦有抄本。（俞榮根、龍大軒 2005）

　　清代律學發達，僅《大清律例》的注釋就有百種之多，訓釋方法多種多樣。問答體疏證的使用只見簡單說明，因資料所限，我們尚未見到用例，因此對清代律學問答體疏證的用例尚在考證中。

## 2.4　小　結

　　本章內容主要梳理律學訓詁發展概要，探討《唐律疏議》總體的訓詁體式

與內容、方法，並對問答體疏證源流及演變進行考證。

訓詁學是一種語言解釋之學，律學是中國古代的法律解釋之學。訓詁學與律學的關係非常密切，中國古代法律解釋的基本手段即為訓詁。先秦時代出現了少量的法律注釋活動，秦漢時期的律學訓詁已較為系統，秦代的《法律答問》、兩漢的「以經釋律」、「引經決獄」及律學章句，都是這一時期律學訓詁活動的具體表現。魏晉南北朝時期律學訓詁著述甚豐，立法者同時參與法律解釋，私家注律活動得到官方認可。唐代《唐律疏議》的出現標誌著律學訓詁的成熟與完備。自宋至元律學訓詁逐漸衰微，明代律學成果蔚為壯觀，官方雖未組織較大規模的注律活動，但私家注律受到認可與鼓勵，有影響力的釋律著作有二三十種。清代律學訓詁亦極為興盛，專家眾多，流派紛呈，訓詁體式多樣、方法繁多。

作為律學與訓詁學完美結合的典範之作，《唐律疏議》總體使用兩種方式對律文與注文進行訓釋，一是通過篇章結構即總體編排體現立法者明確的立法意圖，十一篇分則的次序依據統治者對不同領域的重視程度以及對被調整社會關係的評價安排順序，這樣的編排體例處處體現立法者維護封建君主專制中央集權制度的法律思想。各篇之內容次序按先重罪後輕罪的順序安排，體現了君權至上的立法思想。二是使用義疏體與問答體進行訓詁，既以「議」的形式對律注進行疏解，同時又使用「問答」的形式解答疑難案例，「議」與「問答」各有側重，共同完成《唐律疏議》的整體訓詁。

問答體疏證是《唐律疏議》律學訓詁的重要方法，這種疏證方式起源於先秦，魏晉南北朝時期受佛學論疏體式的影響，也在經學及其他領域的訓釋中迅速發展。這一注釋方式對律學訓詁的影響也是巨大的，從秦代到明清，一直都有用例。

由於資料闕如，問答體疏證沿革與演變的考證有的部分並不連續與深入，如漢代、清代的使用情況等，都不甚瞭解。期待隨著材料的發掘、考證的深入，問答體疏證的發展脈絡會逐步清晰。

# 第 3 章 《唐律疏議》問答體疏證結構與句類

## 3.1 問式的結構

「問式的結構」指將問式整體視為一個獨立結構所體現的類型特點。《唐律疏議》問答體疏證 178 處問式的結構類型有三種：單句、複句、句群，以複句與句群居多。

### 3.1.1 單句（2）

W8（T17，5）〔註1〕、W72（T73，33）。

單句是由詞或詞組按照一定的語法規則組織起來、有一個語調、能表達一個完整意思的獨立的語法單位。常見的單句有兩種類型：主謂句和無主句。既有主語又有謂語的單句是主謂句，只有謂語沒有主語的單句是無主句。《唐律疏議》問答體疏證 178 處問式，只有兩個問式是單句，一個為動詞謂語句，一個為無主句。

例 1：W8（T17，5）問曰：敕、制施行而違者，有公坐以否？

按：W8（T17，5）出現於《名例律》卷第二總第 17 條律文中。第 17 條律文是關於「官當」制度的具體實施辦法。W8 針對前段律文中出現的法律

---

〔註 1〕W 指問答體疏證，W8（T17，5）指第 8 處問答體疏證，出現於總第 17 條律文中，在含有問答體疏證的律條中排序為 5。

術語「公坐」詢問在制、敕執行中違背敕意而犯錯的情況，是否屬於「公坐」（公罪）。此句為單句，屬動詞謂語句，主語為「者」字短語。

關於「者」字結構，王力先生（2004）曾做過詳細分析：「者」字是被飾代詞，通常用在形容詞、動詞或動詞性詞組後邊組成一個名詞性的詞組，表示「……的人」或「……的事物」。另外「者」字又可以用於復指。「者」字用於復指有三種情況：第一，「者」字結構等於後置的修飾語。第二，「者」字直接放在名詞後邊，來復指主語，引出判斷。這種「者」字有「這個人」或「這個事物」的意思。第三，「者」字放在主謂結構或述賓結構的後面，這個主謂結構或述賓結構作為一個整體，而用「者」字復指，來解釋原因，有「這是因為」的意思。

李佐豐（2005）作了補充說明，認為者字短語表示一般化的轉指，這種一般化轉指所指稱的內容比一般的名詞性詞語所指稱的內容更為抽象、概括，所以者字短語除了像一般的體詞性詞語一樣常用作賓語、主語之外，還常與其他名詞性短語組合為定中短語，對這個助詞短語所表示的一般性事體加以限定。同時他還提出，者字短語是體詞性的。「者」前的謂詞性詞語，通常沒有主語，是因為者字短語所指稱的，正是該謂詞性詞語的主語表示的人、物等事體。者字短語常表示人，也可以表示物。另外由於一般的主謂短語也是謂詞性的，所以「者」有時也可以用在主謂短語後面，構成者字短語。這種者字短語所指稱的，是給這個主謂短語作主語的那個大主語。

我們採用李佐豐的補充分析。W8 的者字短語「敕、制施行而違者」作主語，「者」用在主謂短語「敕、制施行而違」後邊，表示轉指，指稱在「施行敕、制過程中違背法律規定的情況」。

例 2：W72（T73，33）問曰：何以知是御在所宮殿？

按：《衛禁律》卷第七總第 73 條律文的內容是懲治向宮殿投射及宿衛人於御在所誤拔刀子等侵犯皇權的犯罪。此律條下共一處問答。W72 詢問法律規定宿衛人於「御在所」（皇帝、皇后等的居所）內投射處斬刑，那麼如何知道所處位置是御在所？W72 屬動賓謂語句，由判斷詞「是」組成的動賓結構作謂語，主語為動賓結構，疑問代詞「何」做介詞賓語前置。疑問代詞賓語前置的語序，始自上古漢語，一直為後代古文家所遵守，「比否定句代詞賓語前置的規則更為嚴格，可以說基本沒有例外。」（王力1999）

## 3.1.2 複句（95）

　　W2（T6，2）、W10（T17，5）、W11（T17，5）、W12（T18，6）、W20（T21、9）、W21（T21，9）、W22（T24，10）、W25（T26，11）、W26（T27，12）、W28（T28、13）、W32（T30，15）、W37（T32，17）、W40（T33，18）、W42（T33，18）、W45（T36，20）、W46（T36，20）、W48（T37，21）、W49（T37，21）、W51（T38，22）、W52（T38，22）、W53（T38，22）、W54（T38，22）、W55（T39，23）、W56（T39，23）、W57（T40，24）、W59（T40，24）、W61（T44，26）、W62（T44，26）、W64（T45，27）、W65（T45，27）、W67（T54，29）、W71（T65，32）、W73（T75，34）、W77（T112，37）、W78（T120，38）、W79（T120，38）、W80（T128，39）、W81（T142，40）、W83（T160，42）、W85（T169，43）、W86（T175，44）、W87（T177，45）、W88（T178，46）、W93（T205，50）、W97（T249，53）、W98（T257，54）、W99（T257，54）、W100（T259，55）、W101（T260，56）、W102（T260，56）、W108（T264，59）、W110（T269，61）、W113（T284，64）、W114（T285，65）、W115（T285，65）、W116（T286，66）、W120（T294，69）、W122（T295，70）、W124（T299，72）、W126（T305，74）、W128（T308，76）、W129（T308，76）、W130（T310，77）、W131（T315，78）、W132（T315，78）、W134（T318，80）、W136（T331，82）、W138（T335，84）、W139（T336，85）、W140（T336，85）、W141（T336，85）、W142（T337，86）、W143（T337，86）、W144（T343，87）、W146（T345，89）、W148（T346，90）、W150（T351，92）、W151（T352，93）、W154（T359，96）、W156（T365，97）、W157（T366，98）、W161（T372，101）、W162（T375，102）、W163（T376，103）、W164（T383，104）、W167（T413，107）、W168（T447，108）、W170（T460，110）、W171（T461，111）、W172（T465，112）、W173（T468，113）、W174（T471，114）、W175（T474，115）、W177（T483，117）、W178（T487，118）。

　　關於複句的定義，近百年來語法學界的意見不盡相同。比較有影響的有十幾種之多，從不同側面描述了複句的特點。隨著研究的逐步深入，現代學者對複句的認識也逐漸明晰起來，複句的定義也相對逐步完善與嚴密。本文採用邢福義（2001）的複句定義：「複句是包含兩個或兩個以上分句的句子」。複句應具備這樣幾個特點：「一、凡是複句，都包含兩個或兩個以上的分句。二、任何一個複句，在口頭上都具有『句』的基本特徵。這一特徵，書面上有較為明

顯的反映，句末往往用句號，有時，還由於表明語氣的需要，句末用問號或感歎號。三、複句的構成單位，從構成的基礎看，是小句；從構成的結果看，是分句。一個複句一旦成立，它的構成單位便不再是獨立的、各自成為單句的一個一個小句，而是既相對獨立又相互依存的一個一個分句。」

《唐律疏議》問答體疏證問式共有 95 例以複句形式出現，其中一重複句 5 例，多重複句 90 例。因問式多為針對虛擬案例提問，因此複句關係較為單一。

### 3.1.2.1　一重複句（5）

#### 3.1.2.1.1　承接複句（2）

W2（T6，2）、W21（T21、9）。

一重複句裏，屬於聯合複句的承接複句有兩例。問式承接複句的特點是，前一分句是對某一律文的陳述，後一分句針對律文規定不明確的地方提出疑問，屬於事理上的相承關係。

例：W21（T21、9）問曰：此條內有毆告大功尊長、小功尊屬者，合以贖論否？

#### 3.1.2.1.2　假設複句（3）

W22（T24、10）、W97（T249，53）、W115（T285，65）。

假設複句以假設為根據推斷某種結果。這類複句是以某種假設，即某種虛擬性原因而不是以事實作為推斷的根據與前提，並以此去推斷某種結果。

假設複句屬於偏正複句。唐律問式一重複句裏的假設複句，都沒有關聯詞語。前一分句一般是虛擬的案例，後一分句針對虛擬案例提問。

例：W115（T285，65）又問：監臨恐喝所部取財，合得何罪？

### 3.1.2.2　多重複句（90）

唐律問式以多重複句居多。第一層次多為偏正複句裏的假設複句，計 86 例。這與問式的性質有關，因問式多為虛擬的假設的疑難案例並詢問司法實踐中這類疑難案例的罪名、處斷方法，因此複句的第一個層次多為假設複句。另有 4 例第一層次為承接複句。

#### 3.1.2.2.1　假設複句（86）

針對律文提問的，不歸入假設複句。凡詢問司法實踐中疑難案例的罪名、處斷方法，因是虛擬的案例，故歸入假設複句中。唐律問式的假設複句，有的

使用關聯詞語，有的沒有使用關聯詞語。未使用關聯詞語的占多數，計 76 例，使用關聯詞語的計 10 例。

1. 使用關聯詞語（10）：

「假有」（8）：W10（T17，5）、W51（T38，22）、W55（T39，23）、W57（T40，24）、W73（T75，34）、W80（T128，39）、W100（T259，55）、W141（T336，85）。

例：W100（T259，55）問曰：假有部曲若奴，殺別人部曲、奴婢一家三人，或支解，依例「有犯各準良人」，合入十惡以否？

「脫或」（2）：W62（T44，26）、W65（T45，27）。

例：W62（T44，26）問曰：律稱折來年者，脫或來年旱澇及遇恩復無課役者，得折以後來年以否？

2. 未使用關聯詞語（76）：W11（T17，5）、W12（T18，6）、W20（T21、9）、W25（T26、11）、W26（T27、12）、W28（T28、13）、W37（T32，17）、W40（T33，18）、W42（T33，18）、W45（T36，20）、W46（T36，20）、W48（T37，21）、W49（T37，21）、W52（T38，22）、W53（T38，22）、W54（T38，22）、W56（T39，23）、W59（T40，24）、W61（T44，26）、W64（T45，27）、W67（T54，29）、W71（T65，32）、W78（T120，38）、W79（T120，38）、W81（T142，40）、W83（T160，42）、W85（T169，43）、W87（T177，45）、W88（T178，46）、W93（T205，50）、W98（T257，54）、W99（T257，54）、W101（T260，56）、W102（T260，56）、W108（T264，59）、W110（T269，61）、W113（T284，64）、W114（T285，65）、W116（T286，66）、W120（T294，69）、W122（T295，70）、W124（T299，72）、W126（T305，74）、W128（T308，76）、W129（T308，76）、W131（T315，78）、W132（T315，78）、W134（T318，80）、W136（T331，82）、W138（T335，84）、W139（T336，85）、W140（T336，85）、W142（T337，86）、W143（T337，86）、W144（T343，87）、W146（T345，89）、W148（T346，90）、W150（T351，92）、W151（T352，93）、W154（T359，96）、W156（T365，97）、W157（T366，98）、W161（T372，101）、W162（T375，102）、W163（T376，103）、W164（T383，104）、W167（T413，107）、W168（T447，108）、W170（T460，110）、W171（T461，111）、W172（T465，112）、W173（T468，113）、W174（T471，114）、W175（T474，115）、W177（T483，117）、W178（T487，118）。

例：W42（T33，18）問曰：收贖之人，身在外處，雖對面斷罪，又牒本貫徵銅，｜未知以牒到本屬為期，即據斷日作限？

### 3.1.2.2.2　承接複句（4）

W32（T30，15）、W77（T112，37）、W86（T175，44）、W130（T310，77）。

唐律問式中這類複句第一層次為承接複句。承接複句也叫順承複句、連貫複句，是指各分句間的語義前後銜接，相繼連貫，這種銜接連貫，既有時間上的，也包括事理、邏輯上的銜接與連貫。

唐律問式承接複句的特點是針對律文規定不明確不完全處提問。

例：W32（T30，15）問曰：既云「盜及傷人亦收贖」，｜若或強盜合死，或傷五服內親亦合死刑，未知並得贖否？

### 3.1.2.3　問式複句關聯詞語

關聯詞語（關聯詞、關係詞語）是複句的一種重要的語法手段，主要用來聯結分句並標明分句間的關係。

《唐律疏議》問式複句的關聯詞語使用較少，且多為單音節詞，很少對舉。

### 3.1.2.3.1　表假設關係的關聯詞語

假有（8）：見「多重複句」部分。

脫或（2）：見「多重複句」部分。

若（3）：W32（T30，15）、W45（T36，20）、W131（T315，78）。

例：W131（T315，78）問曰：皇家袒免親，或為佐職官，或為本屬府主、刺史、縣令之祖父母、父母、妻、子，或是己之所親，若有犯者，合遞加以否？

### 3.1.2.3.2　表因果關係的關聯詞語

因而（4）：W40（T33，18）、W99（T257，54）、W116（T286，66）、W139（T336，85）、W161（T372，101）。

例：W99（T257，54）又問：竊囚而亡，被人追捕，棄囚逃走，後始拒格，因而殺傷，罪同劫囚以否？

以（1）：W140（T336，85）。

例：W140（T336，85）又問：以鬥僵仆，誤殺助己父母；或雖非僵仆，

鬥誤殺期親尊長，各合何罪？

既（1）：W32（T30，15）。

例：W32（T30，15）問曰：既云「盜及傷人亦收贖」，若或強盜合死，或傷五服內親亦合死刑，未知並得贖否？

### 3.1.2.3.3　表轉折關係的關聯詞語

而（6）：W98（T257，54）、W122（T295，70）、W139（T336，85）、W167（T413，107）、W170（T460，110）、W174（T471，114）。

例：W174（T471，114）問曰：其囚本犯死罪，辭未窮竟，又不遣人雇倩殺之，而囚之親故雇倩人殺及殺之者，合得何罪？

乃（6）：W48（T37，21）、W49（T37，21）、W98（T257，54）、W141（T336，85）、W157（T366，98）、W161（T372，101）。

例：W49（T37，21）又問：乙私有甲弩，乃首云止有稍一張，輕重不同，若為科處？

卻（1）：W83（T160，42）。

例：W83（T160，42）問曰：放客女及婢為良，卻留為妾者，合得何罪？

雖（1）：W140（T336，85）。

例：W140（T336，85）又問：以鬥僵仆，誤殺助己父母；或雖非僵仆，鬥誤殺期親尊長，各合何罪？

### 3.1.2.3.4　表並列關係的關聯詞語

或（19）：W11（T17，5）、W26（T27、12）、W32（T30，15）、W37（T32，17）、W56（T39，23）、W88（T178，46）、W98（T257，54）、W100（T259，55）、W113（T284，64）、W116（T286，66）、W124（T299，72）、W131（T315，78）、W136（T331，82）、W140（T336，85）、W142（T337，86）、W143（T337，86）、W161（T372，101）、W168（T447，108）、W170（T460，110）。

例：W170（T460，110）問曰：衛士於宮城外守衛，或於京城諸司守當，或被配於王府上番，如此之徒，而有逃亡者，合科何罪？

雖……又（1）：W42（T33，18）。

例：W42（T33，18）問曰：收贖之人，身在外處，雖對面斷罪，又牒本貫徵銅，未知以牒到本屬為期，即據斷日作限？

### 3.1.2.3.5　表遞進關係的關聯詞語

因（2）：W101（T260，56）、W113（T284，64）。

例：W101（T260，56）問曰：監臨親屬為部下人所殺，因茲受財私和，合得何罪？

又（3）：W10（T17，5）、W42（T33，18）、W174（T471，114）。

例：W10（T17，5）問曰：假有人任三品、四品職事，又帶六品以下勳官，犯罪應官當者，用三品職事當迄，次以何官當？

更（1）：W151（T352，93）。

例：W151（T352，93）問曰：有人被囚禁，更首別事，其事與餘人連坐，官司合受以否？

根據以上分析，《唐律疏議》問答體疏證問式複句有這樣幾個特點：

第一，以假設複句為多。複句類型並不完全，不具備現代漢語中所有的複句類型。

第二，關聯詞語使用不多。其中假設複句使用稍多。出現的關聯詞語以單音節關聯詞語居多，關聯詞語單用（非配對使用）的情況居多。

### 3.1.3　句群（81）

句群也叫句組，由前後連貫共同表示一個中心意思的幾個句子組成。《唐律疏議》問式結構有 81 例由句群構成。句群可以根據不同的標準進行分類。根據層次的多少，可以分為一重句群和多重句群兩類。根據句際關係，句群可以分成並列、承接、解說、遞進、選擇、轉折、因果、目的、假設、條件等類。

#### 3.1.3.1　問式包含兩個句子（67）

W1（T5，1）、W4（T11，3）、W5（T11）、W6（T16，4）、W9（T17，5）、W13（T18，6）、W14（T18，6）、W16（T18，6）、W17（T19，7）、W18（T20，8）、W19（T21、9）、W23（T26、11）、W27（T27，12）、W29（T28、13）、W30（T29，14）、W31（T30，15）、W33（T30，15）、W34（T30，15）、W35（T30，15）、W36（T31，16）、W38（T32，17）、W39（T33，18）、W44（T34，19）、W47（T37，21）、W50（T37，21）、W58（T40，24）、W60（T41，25）、W63（T45，27）、W66（T46，28）、W68（T55，30）、W70（T65，32）、W75（T80，35）、W82（T145，41）、W84（T160，42）、W89（T178，46）、W90（T182，47）、W91（T189，48）、W92（T190，49）、W94（T243，51）、W103（T262，57）、W104（T262，57）、W105（T262，57）、W106（T262，

57）、W107（T263，58）、W109（T267，60）、W111（T277，62）、W112（T281，63）、W118（T288，67）、W119（T292，68）、W121（T294，69）、W123（T297，71）、W125（T302，73）、W127（T306，75）、W133（T316，79）、W135（T322，81）、W137（T333，83）、W145（T344，88）、W149（T347，91）、W153（T357，95）、W155（T365，97）、W158（T369，99）、W159（T371，100）、W160（T372，101）、W165（T385，105）、W166（T397，106）、W169（T453，109）、W176（T478，116）。

67 個問式中，其中 5 個問式兩句均為疑問句，62 個問式第一句為陳述句，第二句為疑問句，計有 62 個陳述句，72 個疑問句。

### 3.1.3.1.1　包含兩個疑問句的問式（5）

例：W18（T20，8）問曰：親老疾合侍，今求選得官，將親之任，同「委親之官」以否？又，得官之後，親始老疾，不請解侍，復合何罪？

按：問者以詢問語氣提出相關的兩個問題，第一個疑問句為正反問，詢問某種罪名與問者預測的是否相同；第二個疑問句為特指問，詢問罪名。兩個問句用「又」連接。

### 3.1.3.1.2　一為陳述句二為疑問句的問式

第一句一般為引用本條或他條相關律條或注文，少數引用相關的「令」，其中以引用本條律條居多，因問答式疏解目的是針對本條律條出現的疑問而設問答疑，引用的他條律條及《唐律疏議》之外的「令」，都與本條律條所涉問題相關。第二句根據律令提問。引用的律、令，部分完全直引；部分引用律文大意；部分基本直引，只有個別詞語的差異。

例 1：W6（T16，4）問曰：「無官犯罪，有官事發，流罪以下以贖論。」雖稱以贖，如有七品以上官，合減以否？

按：此問式出現於《名例律》卷第一總第 16 條律條下，第一句為陳述句，完全直引此條律條開端部分。第二句為正反疑問句，詢問處斷辦法。

例 2：W1（T5，1）問曰：笞以上、死以下，皆有贖法。未知贖刑起自何代？

按：此問式第一句引用的即為本條律條大意，第二句為特指疑問句，詢問「贖刑」這種刑罰的起始年代。

例 3：W29（T28、13）又問：注云：「造畜蠱毒，婦女應流者，配流如法。」未知此注唯屬婦人，唯復總及工、樂以否？

按：此處問式首先引用注文，但釋律者並沒有原文引用，而是添加「婦女」二字，屬基本直引。第二句為選擇疑問句，要求答者在問者預測的兩個答案中給出一個明確的選擇。

還有的包含兩個句子的問式，第一句描述一種犯罪情狀，包括罪名、依據法律、處罰辦法或罪行等，第二句根據第一句內容進行提問。

例 4：W30（T29、14）問曰：有人重犯流罪，依留住法決杖，於配所役三年。未知此三年之役，家無兼丁，合準無兼丁例決杖以否？

按：第一句為陳述句，描述一種犯罪的罪名、依據的法律以及明確的處斷辦法，第二句為正反疑問句，根據第一句描述的刑罰辦法，提出服刑期間如出現一種特殊情況，是否應該如問者測度的那樣處斷。

### 3.1.3.2 問式包含三個句子（13）

W3（T6，2）、W7（T16，4）、W15（T18，6）、W24（T26、11）、W41（T33，18）、W43（T34，19）、W69（T63，31）、W74（T75，34）、W76（T94，36）、W95（T248，52）、W96（T249，53）、W117（T286，66）、W147（T345，89）。

### 3.1.3.2.1 三句均為陳述句（1）

例：W24（T26、11）又問：死罪是重，流罪是輕。流罪養親，逢赦不免；死罪留侍，卻得會恩。則死刑何得從寬，流坐乃翻為急，輕重不類，義有惑焉。

按：《名例律》卷第三總第 26 條律文主要規定死囚及流刑犯在父祖老病「應侍」而家無期親成丁情況下的刑罰執行辦法。W24 第一、二句為陳述句，接連兩處使用對比，每一處都兩兩對舉，說明死罪與流罪罪行輕重不同、留侍養親遇赦免罪情況不同。第三句也為陳述句，用轉折語義關係，提出一種情況寬處一種情況重處，即罪行重的可以逢赦可免而罪行輕的反倒不可免，這種處理方式似乎有違常規，希望能解答疑惑。此處用陳述句式提問。

### 3.1.3.2.2 三句均為疑問句（1）

例：W147（T345，89）又問：嫡、繼、慈母，有所規求，故殺子孫，合得何罪？又，子孫得自理訴以否？此母或被出，或父卒後行，若為科斷？

按：《鬥訟律》卷第二十三總第 345 條是關於告發制度的條文，懲治告發祖父母、父母及嫡、繼、慈母及養父母的犯罪。W147 問式三個句子均為疑問句，分別詢問了相關的三個問題。第一句為特指問句，詢問罪名；第二句

為正反問句，詢問測度的訴訟程序是否合理；第三句為特指問句，詢問具體的刑罰辦法。

### 3.1.3.2.3　三句中第一句為陳述句，第二、三句為疑問句（1）

例：W43（T34，19）問曰：贓若見在犯處，可以將贓對平。如其先已費損，懸平若為準定？又有獲贓之所，與犯處不同，或遠或近，並合送平以否？

按：W43（T34，19）出現於《名例律》卷第四總第 34 條律條中。此條是關於對贓處置的三個專門條文中的第三條，主要規定贓的核定制度。第一句為陳述句，問者首先提出一個關於贓的核定的法律判斷，此處判斷非律條，應為律意。接著連續提出兩個相關的問題，問題之間用「又」連接，表示兩個問題的並列關係。第二句為特指問，詢問處置辦法；第三句為正反問，詢問應否按問者預測的方法處斷。

### 3.1.3.2.4　三句中第一、三句為陳述句，第二句為疑問句（1）

例：W41（T33，18）問曰：枉法會赦，正贓猶徵。未知此贓還官、還主？須定明例。

按：《名例律》卷第四總第 33 條是涉及對贓處置的三個專門律條的第二條，重點規定在犯贓者依法處刑的前提下，贓物的歸屬及徵收的制度。第一句為陳述句，引用律文，目的為引出下面的問題。第二句為選擇疑問句，根據第一句引用律文的內容提出相關問題，問者已有推測，請求答者在兩個答案中明確一個。第三句陳述句，也可以看成祈使句，在提問之後要求答者明確判定。

### 3.1.3.2.5　三句中第一、二句為陳述句，第三句為疑問句（9）

第一句一般引用律條、注文、令等，第二句根據上句的內容，對罪罰、罪名等做出相關評判，第三句緊接提出疑問。

例：W3（T6，2）問曰：依賊盜律：「子孫於祖父母父母求愛媚而厭、咒者，流兩千里。」然厭媚、咒詛罪無輕重。今詛為「不孝」，未知厭入何條？

按：此問式出現於《名例律》卷第一總第六條律條中，第一句引用《賊盜律》卷第十八總第 264 條，原律條為「即於祖父母、父母及主，直求愛媚而厭咒者，流二千里。」引用的律條只有個別詞語上的差異。第二句是問者對引用律條律意的理解、說明、判斷。第三句為特指疑問句，詢問「厭」這種罪行應歸入何種罪名。

### 3.1.3.3　問式包含四個句子（1）

W152（T354，94）。

178 例問式，只有 1 例由四個句子構成。

例：W152（T354，94）問曰：準誣告條：「至死而前人未決，聽減一等。流罪以下，前人未加拷掠，而告人引虛，得減一等。」又準：「官司入人罪，若未決放，聽減一等。」有誣告赦前死罪，官司受而為推，得依此條減罪以否？

按：《鬥訟律》卷第二十四總第 354 條律條懲治告發赦前所犯之事及官員受理此類案件的違法犯罪，旨在保證赦令的有效執行與維護皇帝的司法權威。此問式兩處引用他條律條，共三句。第一、二句引用《鬥訟律》卷第二十三總第 342 條律條，說明兩種誣告罪的刑罰辦法。第三句引用《斷獄律》卷第三十總第 487 條律條，說明審判官故意把無罪判有罪或把輕罪重判的刑罰辦法。第四句為正反疑問句，根據引用的律條內容提問，詢問一種犯罪情狀是否應按引用律條的處罰辦法來減罪。

## 3.1.4　一重句群（68）

《唐律疏議》問答體疏證以一重句群形式構成的問式，除 1 例即 W147（T345，89）是包含三個句子的句群外，其餘均為包含兩個句子的句群。

按照句際關係的不同，唐律問式一重句群有：

### 3.1.4.1　並列關係（6）

W18（T20，8）、W39（T33，18）、W135（T322，81）、W147（T345，89）、W165（T385，105）、W166（T397，106）。

問式並列關係的句群，均為同時提出兩個或三個問題，要求釋律者予以解答。並列關係一般分為平列和對舉兩種，問式提出的兩個或三個問題之間沒有主次之分，為平列關係。問式裏共出現六例並列關係句群，其中有 5 例使用了表並列關係的關聯詞語，只有 1 例沒有使用。

使用並列式關聯詞語：

又（4）：W18（T20，8）、W147（T345，89）、W165（T385，105）、W166（T397，106）。

例 1：W166（T397，106）問曰：受人寄付財物，實死、失，合償以否？又，監臨受寄，詐言死、失，合得何罪？

例 2：W147（T345，89）又問：嫡、繼、慈母，有所規求，故殺子孫，合得何罪？又，子孫得自理訴以否？此母或被出，或父卒後行，若為科斷？

按：此問式雖有三個句子，但三句之間的關係為並列關係，因同為疑問句，都詢問問題，詢問的問題不分主次。一二句之間用關聯詞「又」連接。

或（1）：W135（T322，81）。

例 3：W135（T322，81）問曰：妾有子，或無子，毆殺夫家部曲、奴婢，合當何罪？或有客女及婢，主幸而生子息，自餘部曲、奴婢而毆，得同主期親以否？

未使用關聯詞語（1）：W39（T33，18）。

例：W39（T33，18）問曰：假有盜得他人財物，即將興易及出舉，別有息利，得同蕃息以否？其贓本是人、畜，展轉經歷數家，或有知情及不知者，如此蕃息，若為處分？

按：此問式連續兩次提問，句際之間無關聯詞語。

### 3.1.4.2　承接關係（61）

W1（T5，1）、W4（T11，3）、W5（T11）、W6（T16，4）、W9（T17，5）、W13（T18，6）、W14（T18，6）、W16（T18，6）、W17（T19，7）、W19（T21，9）、W23（T26、11）、W27（T27，12）、W29（T28，13）、W30（T29，14）、W31（T30，15）、W33（T30，15）、W34（T30，15）、W35（T30，15）、W36（T31，16）、W38（T32，17）、W44（T34，19）、W47（T37，21）、W50（T37，21）、W58（T40，24）、W60（T41，25）、W63（T45，27）、W66（T46，28）、W68（T55，30）、W70（T65，32）、W75（T80，35）、W82（T145，41）、W84（T160，42）、W89（T178，46）、W90（T182，47）、W91（T189，48）、W92（T190，49）、W94（T243，51）、W103（T262，57）、W104（T262，57）、W105（T262，57）、W106（T262，57）、W107（T263，58）、W109（T267，60）、W111（T277，62）、W112（T281，63）、W118（T288，67）、W119（T292，68）、W121（T294，69）、W123（T297，71）、W125（T302，73）、W133（T316，79）、W137（T333，83）、W145（T344，88）、W149（T347，91）、W153（T357，95）、W155（T365，97）、W158（T369，99）、W159（T371，100）、W160（T372，101）、W169（T453，109）、W176（T478，116）。

承接關係的句群，首句均為律文或律文大意，下一句針對律文之規定提問，或詢問律意，或詢問法律術語，或詢問相關犯罪的處罰辦法，或詢問罪名，

或針對律文規定不明確不周備之處提問，都屬邏輯事理上的前後相承關係。

例1：W121（T294，69）又問：名例律云：「家人共犯，止坐尊長。」未知此文「和同相賣」，亦同家人共犯以否？

例2：W125（T302，73）問曰：毆人者，謂以手足擊人。其有撮挽頭髮，或擒其衣領，亦同毆擊以否？

例3：W137（T333，83）問曰：毆見受業師，加凡人二等。其博士若有高品，累加以否？

例4：W145（T344，88）問曰：律云：「前人未加拷掠，而告人引虛，減一等。」未知前人已經斷訖，然後引虛，合減以否？

### 3.1.4.3　轉折關係（1）

W127（T306，75）。

句際之間表轉折語義關係。

例：W127（T306，75）問曰：故殺人合斬，用刃鬥殺亦合斬刑，得罪既是不殊，準文更無異理。何須云「用兵刃殺者，與故殺同」？

## 3.1.5　多重句群（13）

### 3.1.5.1　由三個句子構成的句群（12）

W3（T6，2）、W7（T16，4）、W15（T18，6）、W24（T26、11）、W41（T33，18）、W43（T34，19）、W69（T63，31）、W74（T75，34）、W76（T94，36）、W95（T248，52）、W96（T249，53）、W117（T286，66）。

問式由三個句子構成的句群，第一層次均為承接關係，除W41（T33，18）外，均為一二句為一個層次，與第三句構成第一層次。第一句一般引用律文，第二句針對律文或陳述見解或虛擬案例，第三句提出問題。也有的句群第一句第二句即虛擬案例，第三句提問。

例1：W3（T6，2）問曰：依賊盜律：「子孫於祖父母父母求愛媚而厭、

轉折　　　　　　　　承接

咒者，流兩千里。」‖然厭媚、咒詛罪無輕重。｜今詛為「不孝」，未知厭入何條？

例2：W7（T16，4）問曰：依令：「內外官敕令攝他司事者，皆為檢校。

並列　　　　　　承接

‖若比司即為攝判。」｜未審此等犯公坐，去官免罪以否？

例 3：W41（T33，18）問曰：枉法會赦，正贓猶徵。｜<sup>承接</sup>未知此贓還官、
<sup>承接</sup>
還主？‖須定明例。

例 4：W69（T63，31）問曰：「將領主司知者，減闌入罪一等。」<sup>解說</sup>‖不
<sup>承接</sup>
言不知。｜若有不知而領入者，合得何罪？

例 5：W117（T286，66）又問：名例云：「稱以盜論者，與真犯同。」
<sup>並列</sup>
‖此條「因而竊取，以竊盜論加一等」，既云「加一等」，即重於竊盜之法。
<sup>承接</sup>
｜監臨竊三十疋者絞，今答不死，理有未通？

### 3.1.5.2　由四個句子構成的句群（1）：W152（T354，94）。

《唐律疏議》問式有 1 例的結構是由 4 個句子構成的句群。

例：W152（T354，94）問曰：準誣告條：「至死而前人未決，聽減一等。
<sup>並列</sup>　　　　　　　　　　　　　　　　　　　　<sup>並列</sup>
‖流罪以下，前人未加拷掠，而告人引虛，得減一等。」‖又準：「官司入人
<sup>承接</sup>
罪，若未決放，聽減一等。」｜有誣告赦前死罪，官司受而為推，得依此條減
罪以否？

《唐律疏議》問式結構有 81 例為句群，其中一重句群 68 例，多重句群
13 例。因前句多為描述罪狀或陳述律條不詳盡處，後句緊接提問，所以句際
關係第一層次多為邏輯事理上的承接關係。

## 3.2　問式的句類

根據句子的語氣分出的類叫句類。敘述或說明事實的具有陳述語調的句
子是陳述句，具有疑問語調表示提問的句子是疑問句，希望、要求對方做或
不做某事的句子是祈使句，表達情感的句子是感歎句。經測查，《唐律疏議》
問答體疏證問式出現的句類主要有三種：祈使句、陳述句、疑問句。感歎句

沒有出現，與《唐律疏議》法典語言要求莊重、嚴謹、規範的特點相關。其中祈使句有1例、陳述句有89例、疑問句有184例。

### 3.2.1　祈使句（1）

祈使句是希望、要求對方做某事，或勸阻、禁止對方做某事。

《唐律疏議》問答體疏證問式出現1例祈使句：

例：W2（T6，2）問曰：外祖父母及夫，據禮有等數不同，具為分析。

按：W2（T6，2）為複句，詢問為外祖父母或丈夫服喪，根據禮法，喪服的等級會有不同，請求具體分析。此句為祈使句，表希望。

### 3.2.2　陳述句（89）

古代漢語中相當於現代漢語陳述句的句子，學者們使用的術語不完全相同。

李佐豐（2005）使用「命題句」和「陳述句」兩個術語，認為陳述句是直接表現命題的句子，可以判斷命題的真假。陳述句可以進一步分為直陳句和認定句兩個次類。直陳句表示句子在客觀地陳述事實，而認定句則表示句子中含有跟主觀認識有關的內容。認定句最常用來做出主觀論斷，或用來說明看法，介紹情況。李佐豐對陳述句次類的劃分對我們很有啟發，據此分析句群問式所含句子的句類，使此類問式句子間的語義關係變得異常明晰。

《唐律疏議》問答體疏證問式計有89例陳述句。有的問式第一句為陳述句第二句為疑問句，第一句一般引用相關律條、注文、令等，這類陳述句客觀地陳述事實，均為直陳句。還有的問式第一句並沒有引用律條，而是描述一種犯罪情狀，包括罪名、罪行、所依據的法律、處斷辦法等，這類陳述句均為認定句，因包含問者的主觀認識。還有的問式三句均為陳述句。

例1：W30（T29、14）問曰：有人重犯流罪，依留住法決杖，於配所役三年。未知此三年之役，家無兼丁，合準無兼丁例決杖以否？

按：第一句為陳述句，描述一種犯罪的罪名、依據的法律以及明確的處斷辦法，第二句為正反疑問句，根據第一句描述的刑罰辦法，提出服刑期間如出現特殊情況，是否應該如問者測度的那樣處斷。

例2：W24（T26、11）又問：死罪是重，流罪是輕。流罪養親，逢赦不免；死罪留侍，卻得會恩。則死刑何得從寬，流坐乃翻為急，輕重不類，義有惑焉。

按：W24（T26、11）是問式中最特殊的一個結構，三個句子均為陳述句。第一句陳述一個事實，即死罪是重罪、流罪是輕罪，第二句描述刑罰辦法，即流罪養親的，遇赦不免；死罪侍親的，遇赦反倒能免。第三句用陳述語氣表達困惑：死罪反倒從寬、流罪反倒重處，輕重處理反常的現象，讓人產生疑惑。此問式用說明事實、具有陳述語調的句子表達不解與困惑。

### 3.2.3　疑問句（184）

具有疑問語調表示提問的句子叫疑問句。關於疑問句的類型，學界看法不完全相同。我們採納黃伯榮、廖序東（1991）的界定：疑問句提問的手段，有語調、疑問代詞、語氣副詞、句末語氣詞或疑問格式等，有時只用一種手段，有時兼用幾種。根據提問手段的不同以及語義情況，疑問句可以分為四類：是非問、特指問、選擇問、正反問。

有疑而問的是詢問句，無疑而問的是反問句，這裡劃分的疑問句的類型，實際是詢問句的類型。為表述方便，我們這裡仍將反問句與疑問句分別劃分。

經測查，《唐律疏議》問答體疏證問式疑問句類型主要有四種：正反問（87）、特指問（87）、是非問（2）、選擇問（8）。

正反問為「句子（動詞短語）＋否定副詞（以否、否）」的形式，其中否定副詞 76 例為「以否」，11 例為「否」。特指問主要以「何」、「若為」、「幾」作疑問詞，其中「何」出現 62 例，「若為」出現 23 例，「幾」出現 2 例。選擇問有 2 例以「以否」做語氣詞起問，其餘 6 例以「為……，唯復……」等連接詞銜接表疑問。是非問無疑問詞、無句末語氣詞。

#### 3.2.3.1　正反問句（87）

呂叔湘先生成書於 1942 年的《中國文法要略》，把疑問句分為「特指問」和「是非問「（包括抉擇問句）兩大類，並指出正反問句（反覆問句）是一種特殊的選擇問句，不僅第一次正式提出選擇問句這一疑問句句類，從此還引發了研究者們對正反問句與選擇問句歷史演變及關係的探究。

關於正反問句的界定和歸屬，學界見解不盡相同。柳士鎮（1992）指出：「反覆問句是兼從正反方面提問的一種疑問句，它實際上也是一種選擇問句。不過這種句式中並列的兩項恰為肯定與否定的互相對立，所以通常又另稱為反覆問句。」祝敏徹（1995）認為：「古漢語中選擇問句往往是並列提

問的兩項，兩項分在兩個平行的分句之中（少數是合在一個單句之中），由回答者選擇回答其中的一項；正反問句則是正反兩個方面合在一個單句之中，要求回答者回答是正的一面，還是反的一面；二種問句使用的虛詞也不一樣；因而二者的區別是明顯的，界限是分明的，沒有交叉的現象。」

我們認為選擇問句與正反問句的界限較為清晰，同時為研究方便，應看成兩類疑問句。選擇問句一般是並列兩個或兩個以上的選項，讓回答者選擇其中的一項。如果提問者把肯定的部分（正）與否定的部分（否）放在一起進行發問，要求回答者做出或肯定或否定的答覆，這樣的句子就是正反問句。

VPNeg 與 VPNegVP 式是正反問句的兩種主要形式。

《唐律疏義》問答體疏證的正反問句只有一種形式，即動詞性成分或句子後加否定詞的 VPNeg 式，沒有出現將否定詞置於兩個動詞結構中間的「動詞性成分＋不＋動詞性成分」即 VPNegVP 式。VPNeg 式是上古漢語就出現的，句末否定詞與前面的動詞性成分（句子）一起構成了一正一反的提問，表達正反選擇的語氣。否定詞後的動詞性成分（句子）承前省略了，釋義時要補出，即 VPNeg 式能夠通過轉換成 VPNegVP 式來理解。VPNegVP 式在《唐律疏議》問答體疏證疑問句中沒有出現。

關於正反問句的兩種主要形式 VPNeg 與 VPNegVP 式出現的年代以及歷史發展，學者們已進行了多方考證。

劉子瑜（1994）考察敦煌變文時認為：「VPNegVP 是一種口語化句式，往往出現於口語化程度較高的文獻中，特別是對話體中。而漢以來的文獻，文言成分高，口語化程度低，即使佛經材料也如此。變文不同。變文是唐五代時期民間說唱文學的話本，口語化程度自然較高。從情況看，變文絕大多數 VPNegVP 都出現在問答形式的語境中，與卜辭和睡虎地秦簡中 VPNegVP 出現的語境大體一致，更可證明 VPNegVP 的出現與文體的口語化密切相關。」《唐律疏議》問答體疏證雖為對話體結構，但因屬虛擬的對話體，而且法典作為唐初的一種書面語體，很大程度上保留了上古漢語的一些語法特徵，因此問答體疏證裏的正反問句並沒有出現 VPNegVP 式，而均為 VPNeg 式。

《唐律疏義》問答體疏證中的否定詞 11 例為「否」，76 例為「以否」。

3.2.3.1.1 「……否」式（11）

關於「否」的起源，一般認為「否」、「不」當屬同源。王力先生在《同

源字典》中將「不」與「否」、「不」與「弗」分別擬音為「piuə 不：piuə 否（疊韻），piuə 不：piuət 弗（之物通轉）」，並且說：「『不』字，廣韻讀甫鴻、甫九、甫救三切。又讀方勿切。其讀上聲時，與『否』同音；其讀入聲時，與『弗』同音。『不』、『否』、『弗』三字實同一源。」周生亞（2004）認為：就上古音而言，「不」、「否」同屬幫母、之部合口三等字，所差的只是聲調而已，一個是平聲字，一個是上聲字。「不」、「否」雖屬同源，但否定副詞「否」肯定不是從否定副詞「不」中分化出來的，因為上古時期的「否」同時還可用為動詞。合理的推測是動詞「否」當以動詞「不」為源詞，否定副詞「不」當是動詞「不」分化的結果。否定副詞「否」最初分化出來的時候，與「不」、「非」的界限也不是很清楚，因此語言中還能找到「否」用於陳述否定、描寫否定乃至判斷否定的例證，儘管這種用例十分罕見。

「否」的正反問句用法的源起時間，各家看法頗不一致。一般認為以用於西周中期的《五祀衛鼎》中的「汝貯田不」一句為最早，也有學者認為起源於甲骨文。此種用法出現雖然較早，但主要使用在兩漢以後。

周生亞（2004）考察「否」的發展演變時談到，「否」（不）的選擇否定用法可分為兩大類：一是用於陳述句中的選擇否定（A 種用法），二是用於疑問句中的選擇否定（B 種用法）。在先秦兩漢時代，「否」（不）以 A 種用法為主，否定的多是詞或詞組；在兩漢以後，以 B 種用法為主，否定的多是句子。「否」（不）由最初主要使用在充當賓語的主謂結構之後到最後主要使用在全句之末有一個發展過程。他這裡所說的「用於疑問句中的選擇否定」指的就是「否」在正反問句中的用法。我們經過測查發現，「否」用於唐律正反問句的全句之末否定整個句子的用例多於其他格式的用法。

他認為，從傳世文獻來看，先秦兩漢時代，「否」（不）或「不」（否）加在動詞或動詞謂語之後確實很少，用法主要有這樣幾種：

1.「否」（不）可以直接加在謂語動詞之後表示選擇否定；

2.「否」（不）也可加在連用的謂詞之後；

3.「否」也可加在謂語形容詞之後，不過這種用例不多；

4.「否」（不）可以加在動賓結構之後；

5.「否」（不）也可加在動補結構之後，不過這種用例很少；

6.「否」（不）也可加在狀謂結構之後；

7.「否」（不）也可加在句尾表示選擇否定。從數據來看，這種用法主要始

於中古時期，但大量使用還是在唐五代。這一格式，如細分，主要有以下幾類：

第一，動詞謂語句加「否」（不）。

第二，「否」（不）加在形容詞描寫句之後。

第三，「否」（不）加在判斷句之後。

第四，「否」（不）加在存現句或領有句之後。

他還認為，到了中古唐五代時期，「否」（不）和它所否定的結構之間還可插進選擇連詞「與」或其變寫形式「已」、「以」。「與」的這種用法最早見於《左傳》，並且只使用在 A 種用法（注：指陳述否定）裏。在 B 種用法（注：指正反問句）裏，「與」（已、以）的這種用法主要是用在變文裏。

變文是晚唐五代的文獻，與周生亞的見解略有不同的是，通過測查唐律的正反問句我們發現，在唐初的法律文獻裏，「以否」的用例（76）已遠遠多於「否」（11）的用例，因此我們的研究結論或許對「否」的歷史演變的探究有些啟示。

唐律正反問句使用「否」時，沒有「不」的寫法。基本句型主要有以下幾種格式：

1. 動賓結構＋否（4）：W45（T36，20）、W56（T39，23）、W97（T249，53）、W163（T376，103）。

例 1：W45（T36，20）問曰：上條會赦以百日為限，下文會赦乃以責簿為期；若有上條赦後百日內，責簿帳，隱而不通者，下條未經責簿帳，經問不臣，合得罪否？

例 2：W97（T249，53）問曰：雜戶及太常音聲人犯反、逆，有緣坐否？

2. 狀中結構＋否（4）：W14（T18，6）、W21（T21、9）、W111（T277，62）、W112（T281，63）。

例 3：W14（T18，6）又問：依律：「共盜者，並贓論。」其有共受枉法之贓，合併贓科罪否？

例 4：W21（T21、9）問曰：此條內有毆告大功尊長、小功尊屬者，合以贖論否？

3. 句子＋否（3）：W32（T30，15）、W52（T38，22）、W77（T112，37）。

第一，無主句加「否」（2）：W32（T30，15）、W77（T112，37）。

無主句是只有謂語沒有主語的句子，無主句不同於主語省略，這種句子根本不用主語，按照古代漢語的語法規律，也很難補出主語。唐律正反問句的無

主句，多以「未知」起問，下文「以否」的用法亦是。

例 5：W32（T30，15）問曰：既云「盜及傷人亦收贖」，若或強盜合死，或傷五服內親亦合死刑，未知並得贖否？

第二，動詞謂語句加「否」（1）：W52（T38，22）。

例 6：W52（T38，22）又問：甲乙二人，輕重罪等，俱共逃走，甲捕乙首，甲免罪否？

3.2.3.1.2　「……以否」式（76）

唐律中「以否」的用例遠遠多於「否」。

據劉子瑜（1994）考察，晚唐五代時期的敦煌變文 VPNeg 中，幾乎有一半用例的否定詞前面出現了「已」、「以」、「也」。其搭配也有一定的規律：「已」、「以」只在「否」、「不」前出現。他認為，「已」、「以」古音相同，且從用例看，語法作用也沒有區別，可以換用，當是同一詞的不同寫法。這種「已」、「以」的作用跟六朝漢語中常用於動詞並列詞組的正反部分之間起連接作用的連詞「與」大致相同，「已」、「以」在上古屬余母之部字，「與」是余母魚部字，古音相通，從語音上也可找到證據。變文中有許多「已」、「以」跟「與」相通的用例。劉子瑜的研究成果對我們很有啟示，特別是他在變文中找到的兩個互文性質的用例更進一步說明，「『以』跟『與』確實相通，有時甚至混用不分。」他還認為跟「與」有所不同的是，「以」（包括「已」）能起到延緩語氣的作用，而帶有一定的助詞性，特別是它們還可以出現在非正反問句中，「已」、「以」顯然已失去連接作用，而只是一個語氣助詞了。我們發現《唐律疏議》選擇問句中的兩個「以否」用例，已虛化為句末語氣詞了。

周生亞（2004）也做了較為詳盡的研究：到了中古唐宋時期，「否」（不）的用法發生了兩種重要的變化：一是結構上的「游離化」，二是詞類上的「語氣詞化」。「游離化」是指在「否」（不）前可以插入選擇連詞「與」或「已」、「以」，使「否」（不）和它所否定的結構之間處於一種離析狀態。「否」（不）的「游離化」為其移位（移置動詞前）、變為一個純粹副詞打下結構基礎。「語氣詞化」是指「否」（不）由否定副詞變為句末語氣詞。促使「否」（不）改變詞性的有兩個條件：一是句式條件，二是語音條件。句式條件是指反詰疑問句和猜度疑問句；語音條件是指「否」（不）和「不」的讀音對立。「否」（不）和「不」的語音、語義和語法的全面對立，最終又導致了「否」（不）

的詞性改變。

我們認同以上幾位學者的看法：「以否」中的「以」為選擇連詞「與」的變寫形式，「否」為副詞。

周生亞（2004）考察變文的「與」（已、以）否用法時，歸納的格式主要有以下幾種：

第一，連謂結構＋與／已＋否（不）。

第二，動賓結構＋已／以＋否（不）。

第三，動補結構＋已＋否。

第四，狀謂結構＋已＋否。

第五，句子＋已／以＋否（不）。

唐律正反問句的「以否」用法，只出現「以」，沒有其他變寫形式「與」、「已」。基本句型為：

1. 連謂結構＋以＋否（3）：W7（T16，4）、W107（T263，58）、W139（T336，85）。

例 1：W107（T263，58）問曰：毒藥藥人合絞。其有尊卑、長幼、貴賤，得罪並依律以否？

例 2：W139（T336，85）問曰：甲共子乙同謀毆丙，而乙誤中其父，因而致死，得從「誤殺傷助己」減二等以否？

2. 動賓結構＋以＋否（23）：W4（T11，3）、W8（T17，5）、W12（T18，6）、W13（T18，6）、W17（T19，7）、W18A（T20，8）〔註2〕、W23（T26、11）、W35（T30，15）、W51（T38，22）、W66（T46，28）、W68（T55，30）、W82（T145，41）、W100（T259，55）、W106（T262，57）、W128（T308，76）、W142（T337，86）、W143（T337，86）、W144（T343，87）、W149（T347，91）、W152（T354，94）、W155（T365，97）、W157（T366，98）、W175（T474，115）。

例 3：W106（T262，57）又問：依律：「犯罪未發自首，合原。」造畜蠱毒之家，良賤一人先首，事既首訖，得免罪以否？

3. 狀中結構＋以＋否（29）：W5（T11，3）、W6（T16，4）、W15（T18，6）、W20（T21、9）、W22（T24、10）、W26（T27、12）、W30（T29、14）、

---

〔註2〕因有的問答體疏證出現一例以上疑問句，我們用 A、B、C 指代同一問答體疏證中疑問句的次序，如 W18A 指第 18 處問答體疏證中出現的第一例疑問句。

W34（T30，15）、W39A（T33，18）、W43B（T34，19）、W53（T38，22）、W62（T44，26）、W65（T45，27）、W67（T54，29）、W87（T177，45）、W95（T248，52）、W110（T269，61）、W120（T294，69）、W121（T294，69）、W124（T299，72）、W125（T302，73）、W130（T310，77）、W131（T315，78）、W137（T333，83）、W138（T335，84）、W145（T344，88）、W158（T369，99）、W166A（T397，106）、W167（T413，107）。

例 4：W95（T248，52）問曰：反、逆人應緣坐，其妻妾據本法，雖會赦猶離之、正之；其繼、養子孫依本法，雖會赦合正之。準離之、正之，即不在緣坐之限。反、逆事彰之後，始訴離之、正之，如此之類，並合放免以否？

例 5：W110（T269，61）問曰：外人來奸，主人舊已知委，夜入而殺，亦得勿論以否？

4. 句子＋以＋否（21）：

無主句（11）：W28（T28、13）、W37（T32，17）、W46（T36，20）、W86（T175，44）、W93（T205，50）、W104（T262，57）、W108（T264，59）、W109（T267，60）、W118（T288，67）、W156（T365，97）、W169（T453，109）。

例 6：W109（T267，60）問曰：下條「發冢者，加役流」，注云「招魂而葬亦是」。此文燒屍者徒三年，未知招魂而葬亦同以否？

例 7：W156（T365，97）又問：二人共造偽印印文牒，從者乃將施行，未知二人合有首從以否？

動詞謂語句＋以＋否（10）：W19（T21、9）、W38（T32，17）、W99（T257，54）、W105（T262，57）、W132（T315，78）、W134（T318，80）、W135B（T322，81）、W146（T345，89）、W147B（T345，89）、W151（T352，93）。

例 8：W132（T315，78）又問：皇家袒免之親若有官品，而毆之者合累加以否？

例 9：W151（T352，93）問曰：有人被囚禁，更首別事，其事與餘人連坐，官司合受以否？

通過以上分析我們認為：

第一，《唐律疏議》問答體疏證疑問句以正反問句（87）居多，並遠遠多於選擇問句（8），約占整個疑問句數量（184）的 47%。《唐律疏議》成書於唐朝初年，祝敏徹（1995）研究認為：選擇問句與正反問句，在近代漢語裏有了

很大的發展，上古是選擇問句多，正反問句少；近代則相反，近代是正反問句大量增多，而選擇問句用得較少。我們的數據表明早於晚唐五代口語語體，唐朝初年的書面語體裏，正反問句的數量已大量出現。

第二，《唐律疏義》問答體疏證正反問句「以否」（76）的用例已遠遠多於「否」（11）的用例，約占正反問句的 87%。「以」只有一種寫法，沒有變寫形式。表明作為書面語體的法典，語言較口語語體更嚴謹、規範。

第三，「（以）否」的使用，以「狀中結構＋（以）否」（33）、「動賓結構＋（以）否」（27）、「句子＋（以）否（25）」的結構類型居多。周生亞（2004）認為「（以）否」加在句尾表示否定，從數據來看這種用法主要始於中古時期，但大量使用還是在唐五代。我們通過測查《唐律疏義》正反問句的結構類型，發現唐初「（以）否」加在句尾的類型已經開始大量出現了。

### 3.2.3.2　是非問句（2）

是非問句有的稱為然否問句，是提出問題要求對方作肯定或否定答覆的疑問句。現代漢語的是非問句常可不用語氣詞，但古代漢語的是非問句一般要使用疑問語氣詞，「疑問的作用，文言裏就全在句末的語氣詞」。（劉景農 1994）

《唐律疏義》問答體疏證問式裏共出現 2 例是非問句：

例 1：W74（T75，34）又問：應上不到，因假而違者，並罪止得徒二年。若準三十四日罪止，便是月番之外。今解下番之日不坐，恐理未盡？

按：《衛禁律》卷第七總第 75 條是關於宿衛人輪值不到及請假逾期之犯罪，意在預防因宿衛輪班不到及請假逾期而影響宮廷的安全。W74（T75，34）對此處律條之立法意圖產生疑問，認為「下番之日」不予處罰的解釋恐怕於理不妥，請求予以解釋。問者把相關的情況陳述出來，要求答者作出或肯定或否定的回答：妥當，或不妥當。

例 2：W117（T286，66）又問：名例云：「稱以盜論者，與真犯同。」此條「因而竊取，以竊盜論加一等」，既云「加一等」，即重於竊盜之法。監臨竊三十疋者絞，今答不死，理有未通？

按：《賊盜律》卷第十九總第 286 條懲治毆擊他人後又搶奪或竊取財物的較為複雜的犯罪，問者認為既然規定對這種行為的處罰重於竊盜，所以毆擊並盜竊三十疋財物理應處於絞刑，但上文卻解釋不予處死，認為道理不通，請求予以解釋。問者把相關情況及疑問都表述出來，要求得到肯定或否定的

回答：理通，或理不通。

　　W74 與 W117 都是是非問句，格式上有相似的地方，句末都沒有使用疑問語氣詞，都為謂詞性謂語。

### 3.2.3.3　特指問句（87）

　　特指問句是由疑問代詞和由它組成的短語構成疑問點，希望對方就與疑問點有關的人、物、原因、處所、方法、事實等作出答覆。特指問句不像是非問句、正反問句、選擇問句那樣答案就包含在句子中，而是要求對方給出明確答案，因此這種句子要使用疑問代詞。

　　《唐律疏議》問答體疏證裏的特指問句共有 87 個，疑問代詞的使用較為集中。多數使用體詞性疑問代詞「何」（62），部分使用謂詞性疑問代詞「若為」（23），個別使用體詞性疑問代詞「幾」（2）提問。

#### 3.2.3.3.1　何（62）

　　王力先生（2004）分析上古漢語「何」的用法，指出「何」指物時，以用於賓語為常；也用為定語，兼指人和事物；用為狀語時，大致等於現代漢語的「為什麼」、「怎麼」。

　　李佐豐（2005）作了補充分析，認為在疑問代詞中「何」最常用。體詞性特指問句經常由「何」、「誰」、「孰」等構成。「何」可以獨立使用，也常與其他詞語組合在一起使用，表現出多方面的用法，同時它還可以做各種句法成分。除了在用做主語和謂語時只表示詢問外，在其他各種用法中都是既可以表示詢問，又可以表示反問。1.「何」做謂語、主語。「何」經常用做謂語，其後最經常用的助詞是「也」，主謂之間大多有停頓。這是與論斷句相應的問句，常用來詢問原因，也用來問是什麼。「何」做主語遠比做謂語少見，句末一般不用語氣詞。2.「何」做定語、狀語時也可以構成特指問，其後經常用助詞「也」等，也可以不用助詞。「何」做定語時，既可以修飾有生名詞，也可以修飾無生名詞。3.「何」做賓語。在構成特指問句時，「何」還常給動詞或介詞做賓語，一般要前置。句末大多數不加助詞，有時也可以加用助詞。

　　我們經過測查與分析，歸納出《唐律疏議》問答體疏證特指問句裏，疑問代詞「何」充當的句法成分主要是定語，共有 57 處，還有 3 處充當賓語、1 處充當主語、1 處與「須」組成短語做狀語。

　　1.「何」做定語

「何」做定語時，有幾種固定用法：

（1）「何」與名詞「罪」形成固定搭配（51）。

「何」做定語修飾其後的中心語「罪」，這種用法最多，在「何」充當定語的 57 處用法中，出現 51 次。「何罪」詢問某種（某類）犯罪的罪名或處罰辦法，與前面的動詞組成動賓結構，詢問的情況略有差異：

①合科（當、得）何罪（32）：W50（T37，21）、W55（T39，23）、W69（T63，31）、W75（T80，35）、W78（T120，38）、W79（T120，38）、W83（T160，42）、W101（T260，56）、W102（T260，56）、W113（T284，64）、W115（T285，65）、W116（T286，66）、W119（T292，68）、W122（T295，70）、W135A（T322，81）、W136（T331，82）、W141（T336，85）、W147A（T345，89）、W148（T346，90）、W154（T359，96）、W160（T372，101）、W162（T375，102）、W164（T383，104）、W165A（T385，105）、W166B（T397，106）、W170（T460，110）、W171（T461，111）、W172（T465，112）、W173（T468，113）、W174（T471，114）、W177（T483，117）、W178（T487，118）。

這種用法一般是於複句中的前一分句、句群中前一個句子假設一種較為複雜的疑難情況，接著詢問這種情況應該如何處斷，如有罪，則詢問罪名與處斷辦法。一般用「若有」、「假有」領起。

例 1：W50（T37，21）又問：假有監臨之官，受財不枉法，贓滿三十疋，罪合加役流。其人首云「受所監臨」，其贓並盡，合科何罪？

按：《名例律》卷第五總第 37 條律條，是有關「自首」系列條文的第一條，主要圍繞自首行為規定與此有關的制度。W50（T37，21）共有兩個句子，第一句以「假有」領起，假設有一監臨官收受下屬三十匹贓物，但並沒有因此枉法，本屬因事受財，應處「受財不枉法」之罪，其自首後全額交代所收贓物，但自首罪名為「接受被監臨者財物」，屬不因事受財。問者詢問這種雖自首但「不實不盡」的行為，應按什麼罪名處罰。

「合科（當、得）何罪」的用法很多，可見問答體的一項重要功能就是解決司法實踐中疑難案例的處斷。

②各有（得、合）何罪（11）：W57（T40，24）、W71（T65，32）、W81（T142，40）、W85（T169，43）、W88（T178，46）、W98（T257，54）、W114（T285，65）、W126（T305，74）、W129（T308，76）、W140（T336，85）、

W161（T372，101）。

③各合得何罪（1）：W84（T160，42）。

「各有（得、合）何罪」、「各合得何罪」詢問兩種或兩種以上犯罪的準確罪名或處斷辦法。

例 2：W57（T40，24）問曰：假有判官處斷乖失，通判官異同得理，長官不依通判官斷，還同判官，各有何罪？

按：《名例律》卷第五總第 40 條是官署中官吏公務過失犯罪處置制度兩個專條的第一條，主要規定以連坐之法追究連署官吏公罪罪責。W57 詢問犯過失罪的兩級官吏「長官」與「通判官」各自所應承擔的罪責，疑問短語「各有何罪」實際並非單單詢問準確罪名，而是詢問是否獲罪以及獲何罪。

例 3：W71（T65，32）問曰：誤遺弩弓無箭，或遺箭無弩，或有楯而無矛，各得何罪？

按：《衛禁律》卷第七總第 65 條律文，主要規定於宮殿內執行公務作罷不出及在戒嚴關仗區犯罪的懲治辦法。問句詢問三種遺落武器於禁區之內的犯罪的處罰辦法。

④復合（有）何罪（3）：W18B（T20，8）、W89（T178，46）、W103（T262，57）。

例 4：W89（T178，46）問曰：婢經放為良，聽為妾。若用為妻，復有何罪？

⑤未知（……）合得何罪（2）：W48（T37，21）、W90（T182，47）。

例 5：W90（T182，47）問曰：同姓為婚，各徒二年。未知同姓為妾，合得何罪？

按：前一分句用「未知」起問，詢問處罰辦法。

⑥欲科（處）何罪（2）：W76（T94，36）、W94（T243，51）。

例 6：W94（T243，51）問曰：私有甲三領及弩五張，準依律文，各合處絞。有人私有甲二領並弩四張，欲處何罪？

（2）「何」作定語修飾其後表示官職、律條、朝代等的中心語（6）：W1（T5，1）、W3（T6，2）、W10（T17，5）、W31（T30，15）、W40（T33，18）、W60（T41，25）。

「何」單獨使用作定語，既修飾有生名詞（人），也修飾無生名詞（官職、朝代、律條、原因、差異等）。「何」與其修飾的中心語組成疑問點，要求答

者就有關的官職、觸犯的法律條款、以及法律術語的比較等作出解釋。

例1：W10（T17，5）問曰：假有人任三品、四品職事，又帶六品以下勳官，犯罪應官當者，用三品職事當迄，次以何官當？

按：W10出現在《名例律》卷第二總第17條律文「次以勳官當」之後。用「假有」提出假設：如果有人擔任三品、四品職事官，同時又擔任六品以下的勳官，這種人犯罪後官當，先用三品職事官當畢，第二步以什麼官當？這個假設裏，當事人有三個官職，這樣在審判過程中可能會產生判斷上的分歧，所以要求給出詳盡的分析。「何」做定語，修飾其後的中心語「官職」。

例2：W60（T41，25）問曰：公坐相連，節級得罪，一人覺舉，余亦原之。稽案既是公罪，勾官亦合連坐，勾、檢之官舉迄，余官何故得罪？。

按：《名例律》卷第五總第41條是官吏公務過失犯罪處置辦法兩個專條的第二條。問者對立法中兩種相關並相似犯罪的不同處斷產生疑問，不知作此規定的用意、原因，請求予以解釋。在「答曰」中，釋律者用比較法解釋兩類情況的同中之異，闡明此種處斷的原因。「何」做定語，修飾其後的中心語「緣故」。

2.「何」做賓語（3）：W44（T34，19）、W72（T73，33）、W80（T128，39）。

例1：W44（T34，19）又問：在蕃有犯，斷在中華。或邊州犯贓，當處無估，平贓定罪，從何取中？

按：「從何取中」意謂依照什麼標準（準則、規定）才能求得公正。「何」做動詞賓語。

類似的用法還有W80：

例2：W80（T128，39）問曰：假有使人乘驛馬枉道五里，經過反覆，往來便經十里，如此犯者，從何科斷？

按：「從何科斷」意謂「依照什麼法律處斷」，「何」亦做動詞賓語。

例3：W72（T73，33）問曰：何以知是御在所宮殿？

按：《衛禁律》卷第七總第73條律文，中心是規定向宮殿投射及宿衛人於御在所誤拔刀子如何懲治。問句的意思是如何知道是帝後所居之處。「何」此處做介詞「以」的賓語，前置。

3.「何」做主語（1）：W63（T45，27）。

例：W63（T45，27）問曰：有七品子犯折傷人，合徒一年，應贖；又犯

盜，合徒一年，家有親老，應加杖。二罪俱發，何者為重？

按：《名例律》卷第六總第 45 條是關於數罪累並處罰之專條，內容是根據罪行的不同規定相異的並罰辦法，基本原則是數罪並罰之罪輕於數罪相加之和。W63 詢問司法實踐中有人觸犯兩種法律，情況較為複雜，在量刑時應如何處斷，哪一種刑罰為重。「何」與「者」構成者字結構，做主語。

4.「何」與「須」組成短語做狀語（1）：W127（T306，75）。

例：W127（T306，75）問曰：故殺人合斬，用刃鬥殺亦合斬刑，得罪既是不殊，準文更無異理。何須云「用兵刃殺者，與故殺同」？

按：《鬥訟律》卷第二十一總第 306 條懲治鬥毆殺人及故意殺人的犯罪，意在規範區分鬥殺（鬥毆殺人）及故殺（故意殺人）的主觀心態的不同及刑罰處置的差異。W127 問者詢問既然使用金屬利器鬥毆殺人與故意殺人都處斬刑，那麼為什麼還要特意交代「用兵器利刃殺人的，與故意殺人（處罰）相同呢？」答式裏，釋律者解釋特意交代的原因是法律明文規定「故殺人」即使遇到大赦，仍然要除名，但沒有明文規定過「用兵器利刃殺人」也遇赦除名，所以要特意做下交代。「何」與「須」組成短語做動詞「云」的狀語。

#### 3.2.3.3.2　幾（2）

W54（T38，22）、W91（T189，48）。

使用疑問代詞「幾」提問的特指問句共有兩例：

例 1：W54（T38，22）問曰：官戶等犯流，加杖二百，過致者應減幾等而科？

例 2：W91（T189，48）問曰：妻無子者，聽出。未知幾年無子，即合出之？

按：「幾等」、「幾年」中的「幾」做定語，詢問具體數字，要求釋律者給出準確數字。

#### 3.2.3.3.3　若為（23）

問式裏的「若為」屬謂詞性疑問代詞，均做狀語，表示「怎麼」、「怎樣」、「如何」，主要用來詢問處斷辦法、刑罰措施、罪名等。

「若為」的使用有兩種情況，一種直接修飾動詞，一種修飾動賓結構。

1. 直接修飾表示「處置」意味的動詞（18）：

W9（T17，5）、W16（T18，6）、W25（T26、11）、W27（T27、12）、W33（T30，15）、W36（T31，16）、W39B（T33，18）、W43A（T34，19）、W47

（T37，21）、W49（T37，21）、W61（T44，26）、W64（T45，27）、W70（T65，32）、W92（T190，49）、W96（T249，53）、W147C（T345，89）、W165B（T385，105）、W176（T478，116）。

「若為」作為疑問代詞，直接修飾其後表示「處斷」意味的動詞，有的已形成固定搭配：

①若為科斷（7）：W25（T26、11）、W33（T30，15）、W36（T31，16）、W47（T37，21）、W64（T45，27）、W92（T190，49）、W147C（T345，89）。

例：W25（T26、11）問曰：犯死罪聽侍，流人權留養親，中間各犯死罪以下，若為科斷？

按：《名例律》卷第三總第 26 條律文主要規定死囚及流刑犯在父祖老病「應侍」而家無期親成丁情況下的刑罰執行辦法。W25 詢問在留家養親過程中，死囚犯及流刑犯重又犯罪的，應如何處置，即詢問具體的刑罰辦法。謂詞性疑問代詞「若為」做狀語，修飾其後的動詞「科斷」。

②若為處分（4）：W9（T17，5）、W16（T18，6）、W39B（T33，18）、W61（T44，26）。

③若為科處（1）：W49（T37，21）。

④若為科（1）：W165B（T385，105）。

⑤若為處斷（1）：W70（T65，32）。

⑥若為決放（1）：W27（T27、12）。

⑦若為准定（1）：W43A（T34，19）。

⑧若為留分（1）：W96（T249，53）。

⑨若為與奪（1）：W176（T478，116）。

2. 修飾動賓結構（5）：W11（T17，5）、W59（T40，24）、W150（T351，92）、W153（T357，95）、W168（T447，108）。

「若為」修飾其後的動賓短語，詢問具體的處罰辦法。如「若為追毀告身」「若為科首從之罪」「若為科罪」「若為作首從分財」「若為分財」。

例：W11（T17，5）問曰：先有正六品上散官，上守職事五品；或有從五品官，下行正六品上，犯徒當罪，若為追毀告身？

按：《名例律》卷第二總第 17 條律文是關於「官當」制度的具體實施辦法。W11 針對第 17 條律文中的部分律文提問。這部分律文規定，「行」即低階任高職、「守」即「高階任低職」這兩種情況，在以官職抵當流刑的時候，

各自用本品當後，仍然要解除現任官職。問者針對這部分規定提出相關問題，詢問有某種官階，在低任或高任的情況下，犯徒刑以官當罪，如何追繳注銷官憑。疑問代詞「若為」做狀語，修飾動賓短語「追毀告身」。

通過以上分析我們認為：

第一，《唐律疏議》問答體疏證的特指問句（87）約占全部疑問句（184）的 47%，特指問句疑問代詞的使用以「何」居多，約占全部疑問代詞的 71%。

第二，87 例特指問句，句末都沒有使用語氣助詞。李佐豐（2005）把特指問句分為兩種，一種使用謂詞性疑問代詞，是謂詞性特指問句；另一種使用體詞性疑問代詞，是體詞性特指問句。前者接近敘事句，主要是要求回答的一方敘述事實，經常不用語氣詞；後者接近論斷句，主要是要求回答的一方做出論斷，常要用助詞，主要用「也」，也可以用「焉」、「矣」，有時還可以用「哉」、「乎」、「與」、「歟」、「邪」、「耶」等。按照這種劃分方法，《唐律疏議》問答體疏證出現的特指問句，無論是使用謂詞性疑問代詞「若為」還是使用體詞性疑問代詞「何」與「幾」，句末都沒有語氣助詞，亦體現了法典的書面語體風格，即語言的莊重、嚴謹與規範。

第三，「何」做介詞賓語時前置，做動詞賓語時未前置，前置與後置呈現出並存共用的格局。先秦兩漢時期，疑問句中疑問代詞做賓語一般要前置，到了魏晉時期，已經開始出現後置的用法，唐初的文獻中也有前置與後置並存的現象，說明此期疑問句的語序正處於發展變化過程之中。

### 3.2.3.4　選擇問（8）

選擇問句一般是並列兩個或兩個以上的選項，讓回答者從中選擇一項。選擇問句又稱為「抉擇問句」。呂叔湘先生（1982）提出，「迭用兩個互相補充的是非問句，詢問對方孰是孰非，就成為抉擇問句。」關於選擇問句的性質，梅祖麟認為是把兩種假設的情況並列，讓對方選擇，而李崇興則認為選擇問是把兩種斷定、揣測、擬議的情況並列，讓對方選擇。（袁賓 2001）

選擇問句在上古漢語裏已經是常見的疑問句，呂先生（1982）指出，「（上古漢語）差不多必用語氣詞，並且多數是上下都用。」祝敏徹（1995）認為，古漢語選擇問句一般是用疑問語氣詞「乎」、「與（歟）」、「邪（耶）」、「也」、轉折連詞「抑（意）」、疑問代詞「如何」、「孰」（及其組成的結構「孰與」）、「何」等來幫助提問。上古選擇問句用得很多，正反問句用得極少。後來發生了變化，「白話裏這類問句可以在句末用語氣詞『呢』或『啊』（不用嗎），

也可以不用。用語氣詞，可以上下句都用，也可以單用在上句或下句。上下兩小句之間，多用關係詞來連絡，也有不用的。」（呂叔湘 1982）

唐律疏議問式選擇問句共 8 例，有的句末使用語氣詞，有的未使用語氣詞。

### 3.2.3.4.1　句末以語氣詞「以否」起問（2）

1. ……唯……，唯復……以否

例 1：W29（T28、13）又問：注云：「造畜蠱毒，婦女應流者，配流如法。」未知此注唯屬婦人，唯復總及工、樂以否？

按：此處的疑問格式與正反問的某些格式相似，使用「未知……以否」的形式，但根據語義，此處的「以否」不能看做否定副詞「不」，不能轉換成VPNegVP 來理解，而是已經弱化為句末語氣詞，不再表示否定。上下句使用「唯……，唯復……」連接用以比較選擇的兩項，這兩項內容用謂詞性短語表示，要求答者比較挑選後從中選擇。

2. 為……，為……以否

例 2：W133（T316，79）問曰：律稱「流外官以下，毆議貴徒二年」。若奴婢、部曲毆議貴者，為共凡人罪同，為依本法加罪以否？

按：此問句句末的「以否」同上句相同，也已弱化為句末語氣詞。上下句均使用連接詞「為……，為……」連接用以比較的前後兩項謂詞性短語，「為」可解說為「是」。

### 3.2.3.4.2　句末無疑問語氣詞（6）

1. 兩個連接詞連接前後兩項（1）：「為……，唯復……」

例 1：W73（T75，34）問曰：假有宿衛人，番期五日未滿，因一日假，遂違不上，為當止得四日違罪，唯復累至罪止而科？

2. 只有一個連接詞用於前項（1）：「為……，……」

例 2：W123（T297，71）問曰：有人行盜，其主先不同謀，乃遣部曲、奴婢隨他人為盜。為遣行人元謀作首，欲令部曲、奴婢主作首？

3. 只有一個連接詞連接後項（3）：「……，唯（惟）復……」、「……，即……」

例 3：W58（T40，24）問曰：有主典增減文案，詐欺取贓五疋，判官不覺，依增減狀判訖。未知判官於詐欺贓失減，唯復於增減官文書失減？

按：此問答句沒有疑問代詞，句末也沒有語氣詞，只用一個連接詞「唯復」

連接前後兩項，句子開端用「未知」起問。「未知」後與「唯復」後，各連接一項選擇項，兩個選擇項均為分句。這裡的「未知」不能看做是連接詞，因「未知」的作用為引導疑問。類似的格式在選擇疑問句裏還有兩個：

例 4：W159（T371，100）問曰：取蔭求贖，杖罪杖一百，徒罪加一等。其官司知而故縱，未知從下條「承詐知而聽行與同罪」，惟復依斷獄律「斷罪應決配之而聽收贖，減本罪故失一等」而科？

按：W29、W58、W73、W159 四例選擇問句的兩個選項間均出現連接詞「唯（惟）復」。徐正考（1988）考察唐五代選擇問句，發現「為復」出現頻率較高，而且只有「為復」既可配對使用，又可單用於後項。我們發現《唐律疏議》問答體疏證問式的選擇疑問句連接詞「唯（惟）復」的使用也體現了這一特點。劉子瑜（1994）考察敦煌變文的選擇疑問句，也發現帶連接詞的選擇問句中「為復」（包括「為當」、「為」類）的用例為多數。他認為「『為當』、『為復』後代少見以致消失，卻較為集中地出現在六朝佛經和變文這種宣講佛教教義及民間故事的俗體文學中，所以我們懷疑它們是與佛教習慣用語相關的詞語或是當時並列選擇問句中起連接作用的口語化俗體詞。」《唐律疏議》問答體疏證選擇疑問句式中的「唯（惟）復」與兩位學者語料中的「為復」字形並不相同，是否因「唯（惟）復」出現於書面語文獻有關？另外二者在用法與語義上是否完全相同，還有待我們進一步考證。

例 5：W42（T33，18）問曰：收贖之人，身在外處，雖對面斷罪，又牒本貫徵銅，未知以牒到本屬為期，即據斷日作限？

4. 無連接詞（1）：

例 6：W41（T33，18）問曰：枉法會赦，正贓猶徵。未知此贓還官、還主？須定明例。

按：W41 無連接詞，以「未知」引起疑問，並列兩個選擇項。

馮春田（2000）提出，選擇問句自古代漢語到現代漢語在基本句子形式上沒有根本的變化，其主要變化表現在語氣詞、關係詞（連詞）、以及部分問句的複合化這三個方面。我們的統計也證實了這一點：

第一，8 例選擇問句，2 例使用句末語氣詞，6 例未使用句末語氣詞。《唐律疏議》問式選擇疑問句共 8 例，遠遠少於正反問句的數量（87），表明疑問句發展到近代，選擇問句的使用已經減少，正反問句的使用大量增多。句末語氣詞的使用變少，這也與以往研究成果相吻合。「到近代漢語裏，特別是唐

至元這一時期，體現口語的選擇問句逐漸趨於不用語氣詞。」「近代漢語選擇問句以不用句末語氣詞為常，其原因可能是古代漢語的句末語氣詞系統在近代漢語裏已不適用，但唐至宋元時期新的、相應的語氣詞尚未普及；此外大多數選擇問句是或可以是『是』字句，能夠以此配合句子語氣表達相應的疑問，或許也是因素之一。」（馮春田 2000）《唐律疏議》雖非口語性強的語料，而且為唐初語料，但也已鮮明地體現了這種變化。

　　第二，8 例選擇問句，除 1 例外，都使用連接詞連接前後的選擇項，4 次使用「唯（惟）復」。「為」、「唯復」這類連接詞，與後來代表選擇問的連詞「是，還是」語義基本相同，與不帶連接詞的選擇問句相比優勢明顯，能相對自由地表達較為複雜的語義內容。

　　馮春田（2000）認為在近代漢語裏，選擇問句的關係詞發生了變化，但是這種變化在六朝時期已經發端，「為」、「為復」、「為當」之類起連絡作用的詞也開始出現。入唐以來，同類的句子大量出現，並且另有新的關係詞「為是」等形成。唐五代時期選擇問句的關係詞，有的用在後一分句，有的是同一關係詞用在兩個（或兩個以上）分句，有的則是不同關係詞在前後複句配合使用。我們對《唐律疏議》問答體疏證問式選擇問句的研究也證實了這一點。

　　第三，出現複合或緊縮為單句的傾向，如例 8。這與一些學者的研究結論相吻合。徐正考（1988）在考察唐五代選擇疑問句時指出，選擇問句的繁式形式，大多有起連接作用的成分，一般是複句或緊縮複句，語義上一般為並列關係。馮春田（2000）也提出，近代漢語選擇問句出現複合化傾向，即一部分由兩個分句組成的選擇問句有複合或緊縮為單句式的傾向，這類句子的特點是：謂語往往是判斷句形式或形容詞性的，而且是比較簡短的。

## 3.3　答式的結構與句類

　　「答式的結構」也指將答式整體視為一個獨立結構所體現的類型特點。《唐律疏議》問答體疏證 178 處答式的結構類型有三種：複句、句群，以句群居多。答式的句類除 7 例反問句外，其餘均為陳述句。

### 3.3.1　答式的結構

　　《唐律疏議》問答體疏證的答式，結構多為句群。178 個答式，共有複句 12 例，句群 166 例。

### 3.3.1.1　複句（12）

#### 3.3.1.1.1　並列關係（2）

W8（T17，5）、W21（T21、9）。

因釋律者在回答問題時往往需要通過比較來說明、解釋不同情況下的不同處斷方法，所以出現了幾例第一層次為並列關係的複句，這種並列通過對舉的方式實現。

例 1：W8（T17，5）答曰：譬如制、敕施行，不曉敕意而違者，為失旨；｜雖違敕意，情不涉私，亦皆為公坐。

例 2：W21（T21，9）答曰：上條「毆告大功尊長、小功尊屬，不得以蔭論」，｜今此自身官盡，聽以贖論，即非用蔭之色，聽同贖法。

#### 3.3.1.1.2　因果關係（8）

W46（T36，20）、W67（T54，29）、W100（T259，55）、W105（T262，57）、W132（T315，78）、W134（T318，80）、W138（T335，84）、W140（T336，85）。

釋律者在分析、解答問題時，需要在解析之後最終給出明確的罪名和處斷方法，即需要解釋之所以作出如此處斷的原因，所以因果式複句較多。

例 1：W46（T36，20）答曰：赦前之罪，各有程期，限內事發，律許免罪，終須改正、徵收，｜告者理不合坐。

例 2：W67（T54，29）答曰：主帥於所部衛士，統攝一身，既非取受之財，盜乃律文不攝，｜止同常盜，不是監臨。

#### 3.3.1.1.3　條件關係（1）

W159（T371，100）。

因解析方式的差異，有的句子先提出某種條件，指出在此種條件下，應作出如此處斷，此為條件關係的複句。

例：W159（T371，100）答曰：既稱「知而故縱」，即是「知而聽行」，｜理從「同罪」而科。

#### 3.3.1.1.4　分合關係（1）

W85（T169，43）。

有的答式需要解析同種罪名下不同情況的處斷方法，因此採用分合式複句的形式。

例：W85（T169，43）答曰：應得損、免而妄徵，亦準上條「妄脫漏增

減」之罪：｜入官者，坐贓論；入私者，以枉法論，至死者加役流。

### 3.3.1.2　句群（166）

　　唐律問答體疏證答式的結構方式以句群居多，因需要對問式提出的問題作出解釋，而問式的問題多為司法實踐中的疑難案例，需要較為詳盡的剖析和明晰的處斷，因此答式的結構較問式複雜。問式與答式以分句、句子較多的複雜語篇結構為主，表明法典語言為表述周密嚴謹而增大語篇結構負載的信息量的特點。

　　唐律問答體疏證答式句群句際之間多使用關聯詞語。

　　幾乎每個句群的句際之間，都有關聯詞語的使用。在解析疑難的時候，往往需要虛擬一些不同的情況，然後針對不同情況作處斷，因此這些關聯詞語以假設關係為多。此外轉折關係、因果關係、並列關係等其他類型的關聯詞語出現頻率也較高。本文因篇幅所限，對答式句群的關聯詞語未作窮盡式定量分析。

　　例 1：W27（T27、12）答曰：律稱「家無兼丁」，本謂全無丁者。三人決放一人，即是家有丁在，足堪糧餉，不可更放一人。若一家四人徒役，決放二人，其徒有年月及尊卑不等者，先從見應役日少者決放；役日若停，即決放尊長。其夫妻並徒，更無兼丁者，決放其婦。

　　按：此句群含有三個句子，句際之間使用了兩個關聯詞語「若」與「其」，「若」為假設關係的連詞，「其」這裡為連詞，亦表假設。

　　例 2：W23（T26、11）答曰：權留養親，不在赦例，既無「各」字，止為流人。但死罪上請，敕許留侍，經赦之後，理無殺法，況律無不免之制，即是會赦合原。又，斷死之徒，例無輸課，雖得留侍，課不合徵，免課沾恩，理用為允。

　　按：此句群含有三個句子，句際之間用表轉折關係的連詞「但」與表並列關係的連詞「又」連接。

　　例 3：W33（T30，15）答曰：奴婢賤隸，唯於被盜之家稱人，自外諸條殺傷，不同良人之限。若老、小、篤疾，律許哀矜，雜犯死刑，並不科罪；傷人及盜，俱入贖刑。例云：「殺一家三人為不道。」注云：「殺部曲、奴婢者非。」即驗奴婢不同良人之限。唯因盜傷殺，亦與良人同。「其應出罪者，舉重以明輕」，雜犯死刑，尚不論罪；殺傷部曲、奴婢，明亦不論。其毆父母，雖小及疾可矜，敢毆者乃為「惡逆」。或愚癡而犯，或情惡故為，於律

雖得勿論，準禮仍為不孝。老小重疾，上請聽裁。

　　按：此句群句子較多，句際之間有的靠關聯詞語銜接，有的只依邏輯關繫銜接。十個句子間，共有關聯詞語五個：若、即、唯、其、或。其餘依邏輯關繫銜接與連貫。

### 3.3.2　答式的句類及答式中的反問句

　　《唐律疏議》問答體疏證答式的句類，多為陳述句。但有 7 處答式中出現了反問句。反問句是無疑而問，不要求回答。反問句的反問語氣相當於否定語氣，用反問的形式表示對表述問題的肯定。

#### 3.3.2.1　使用疑問代詞的反問句（1）

　　古代漢語反問句裏的疑問代詞，與特指問句裏出現的疑問代詞大體相當，多使用「何」、「奈何」、「若何」、「如何」、「若之何」、「如之何」、「安」、「奚」、「胡」、「曷」「誰」、「孰」等。唐律答式裏使用疑問代詞的反問句僅有 1 例。

　　例：W120（T294，69）問曰：賣妻為婢，得同期親卑幼以否？

　　答曰：妻服雖是期親，不可同之卑幼，故諸條之內，每別稱夫。為百代之始，敦兩族之好，木犯非應義絕，或準期幼之親。若其賣妻為婢，原情即合離異。夫自嫁者，依律兩離；賣之充賤，何宜更合？此條「賣期親卑幼」，妻固不在其中，只可同彼「余親」，從凡人和略之法；其於毆殺，還同凡人之罪。故知賣妻為婢，不入期幼之科。

　　按：「夫自嫁者，依律兩離；賣之充賤，何宜更合？」為反問句，使用疑問代詞「何」表反問，「何」在此句中作狀語。

#### 3.3.2.2　不使用疑問代詞的反問句（6）

　　W24（T26、11）、W62（T44，26）、W117（T286，66）、W128（T308，76）、W130（T310，77）、W152（T354，94）。

　　不使用疑問代詞時，主要使用副詞來構成反問句。古代漢語反問句常用語氣副詞有「豈」、「其」、「不亦」、「寧」、「庸」、「獨」等，此外「不」、「勿」也能構成反問句。反問句末經常使用語氣助詞，如「哉」、「乎」、「也」、「與」、「邪」等。唐律答式裏的反問句不使用疑問代詞時主要使用語氣副詞「豈」表示反問，句末未使用語氣助詞。

　　例 1：W62（T44，26）答曰：律稱「當年無課役，折來年」，律矜枉入徒

役，聽折來年課輸。來歲既無課役，將來亦是來年。年與課役相須，本欲為其準折。若普蒙恩復及遭霜旱，依令課役並免，豈合即計為年？亦如已役、已輸，聽折來年課役。後年無者，更折有課役之年。此理既同，不可別生異議。

例 2：W130（T310，77）答曰：凡人相毆，條式分明。五服尊卑，輕重頗異。只如毆緦麻兄姊杖一百，小功、大功遞加一等；若毆緦麻以下卑幼，折傷減凡人一等，小功、大功遞減一等。據服雖是尊卑，相毆兩俱有罪，理直則減，法亦無疑。若其毆親姪、弟妹，至死然始獲罪，傷重律則無辜。罪既不合兩論，理直豈宜許減？舉伯叔兄姊，但毆傷卑幼無罪者，並不入此條。

按：以上兩個答式中的反問句「況於竊取人財，豈得加入於死？」及「罪既不合兩論，理直豈宜許減？」均使用語氣副詞「豈」表示反問，句末都沒有使用語氣助詞。答式中這樣的情況共出現 6 例。

綜上所述，答式結構與句類的特點為：

第一，答式結構較問式複雜，以句群為主，178 個答式，句群占 93%。

第二，答式句群使用關聯詞語較多，幾乎每個句群之內，句際之間的銜接與連貫均使用關聯詞語。

第三，答式句類出現了 7 例反問句，其餘均為陳述句。

# 3.4 小 結

《唐律疏議》178 處問答體疏證，問式與答式的整體結構體現為三類：單句、複句、句群。問式中，2 例為單句、95 例為複句，81 例為句群；答式中，12 例為複句，166 例為句群。問式複句與句群占問式結構的 98.9%，答式句群占答式結構的 93.3%，問式與答式以分句、句子較多的複雜語篇結構為主，表明法典語言為表述周密嚴謹而增大語篇結構負載的信息量的特點，同時答式結構較問式複雜，這與答式的應答性質有關，即解答、剖析問題需詳盡、細緻、周密、嚴謹。

問式句類有三種：祈使句（1）、陳述句（89）、疑問句（184）。184 例疑問句均為有疑而問的詢問句，無反問句，包括特指問句 87 例，正反問句 87 例，選擇問句 8 例，是非問句 2 例。疑問句極少使用句末語氣詞，語氣詞的使用只有 2 處用例，這與法典的書面語體風格，即語言須莊重、嚴謹與規範相關，也與近代漢語特點相關。

上古是選擇問句多，正反問句少；近代是正反問句大量增多，而選擇問句

用得較少。我們的數據表明早於晚唐五代口語語體，唐朝初年的書面語體裏，正反問句的數量已大量出現。

正反問句均為「動詞性成分＋否定詞」的形式。否定詞「以否（否）」出現於唐律問式疑問句句末共 78 例，正反問 76 例中的「以否」均為否定副詞，選擇問 2 例中的「以否」為語氣詞。「以否」否定副詞的用法體現了唐初書面語體裏上古漢語語法的遺留，同時「以否」虛化為語氣詞現象也體現了近代漢語的新發展。「以」只有一種寫法，沒有變寫形式，表明作為書面語體的法典，語言較口語語體更嚴謹、規範。同時在唐初的法律文獻裏，「以否」的用法已遠遠多於「否」（11）的用法，這與一般認為「以否」的大量使用主要出現在晚唐五代略有差異。因此我們的研究結論或許對「否」的歷史演變的研究有些啟示。

特指問句疑問代詞的使用較為集中，多數使用體詞性疑問代詞「何」（62），部分使用謂詞性疑問代詞「若為」（23），個別使用體詞性疑問代詞「幾」（2）提問。「何」做介詞賓語時前置，做動詞賓語時未前置，前置與後置呈現出並存共用的格局。先秦兩漢時期，疑問句中疑問代詞做賓語一般要前置，到了魏晉時期，已經開始出現後置的用法，唐初的文獻中也有前置與後置並存的現象，說明此期疑問句的語序正處於發展變化過程之中。

選擇問句多數使用連接詞連接前後的選擇項，「為」、「唯復」的使用較為頻繁，有的是同一關係詞用在兩個（或兩個以上）分句中，如「為……，為……」，有的則是不同關係詞前後配合使用，如「為（唯）……，唯（惟）復」，並出現複合或緊縮為單句的傾向。

我們對問式疑問句的考察還有問題沒有得到徹底解決，如「唯（惟）復」與「為復」語義是否完全一致、用法是否完全相同等，尚待繼續深入研究。

# 第 4 章 《唐律疏議》問答體疏證問答合作原則與會話分析

　　傳統語言學研究也應適當借鑒西方現代語言學的理論與方法，以加強理論建設、改進研究方法、拓展研究視域。訓詁學的研究也同樣如此。以往傳統訓詁學研究主要應用訓詁學理論以及漢語詞彙學、語義學、語法學研究成果，理論與方法相對較為侷限。王寧（1996）在談到訓詁學在當代的發展問題時指出，借鑒國外語言學理論與方法是必要的，「語言既有民族性特點，又有世界共同性。正因為有共同性，所以借鑒不但是必要的，而且是可能的。」所以我們應該站在現代語言學高度，在繼承傳統訓詁學研究成果的同時，嘗試合理地借鑒符合漢語實際的西方現代語言學理論與方法，以期不斷拓展研究視域，為這一古老的學術注入新鮮活力，使訓詁學理論更系統、更科學，使訓詁方法更具實用價值。只有這樣才有可能建立完善的訓詁學理論體系，實現訓詁研究的現代化。

　　《唐律疏議》問答體疏證通過虛擬的問答進行法律解釋，這種會話、問答特質是我們應用現代語用學的會話合作原則與會話分析理論的契合點。傳統語言學研究其實在某些方面也在進行語用的研究，如許嘉璐（1986）在談到訓詁學學科性質時認為，訓詁學的一個獨到之處就是既注意語詞本身的意義、與客觀事物間的關係，又特別注重語言環境。這個環境既指語言中跟使用者直接相關的指別成分，又包括了跟語言運用有關的心理、生物、社會等現象。認為訓詁學近於語文學加語用學，卻離詞義學更遠。

　　本章批判吸收現代語用學中的語境、會話合作原則、會話分析等理論，對

唐律法律問答的語境特點、會話合作原則的實踐以及會話結構進行分析。

# 4.1 《唐律疏議》問答體疏證法律問答的語境分析

## 4.1.1 語用學的語境

　　語境是話語交際的伴隨因素，任何一種語言現象的語用學研究，首先考慮的是其語境特點。語用學反對脫離具體的語境去孤立地研究抽象的語言系統，認為語言研究不能忽視語言的使用者，更不能剝離特定的情境。語用學關注的是在一定語境中使用的語言的意義，因此，語境成為語用學中的第一要素：「語用學實際是一門語境學，用來研究語言的顯性內容（語言信息）和語言的隱性內容（語言含義）是如何通過語境發生關係的。」（熊學亮 1996）

　　語境的語言學意義是多樣的，不同視角和理論下，均有各自的語境含義。語用學視角下的語境概念所包含的內容非常廣泛，Schiffrin（轉引自李美霞2007）認為，語境指「裝滿了發出話語的人的世界，這些人有社會、文化和個人身份、知識、信仰、目標和需求，在不同的社會和文化情景下他們相互影響。」王建華（轉引自李美霞 2007）認為：「語境是語用交際系統中的三大要素之一；它是與具體的語用行為密切聯繫的、同語用過程相始終的、對語用活動有重要影響的條件和背景；它是諸多因素構成的、相對獨立的客觀存在，又同語用主體和話語實體互相滲透。」何兆熊（2000）認為，語用語境除語言知識外，還包括三大類語言外知識：一是背景知識；二是情景知識，指與特定的交際情景有關的知識；三是交際雙方的相互瞭解，指交際雙方所共有的知識，這是交際雙方進行語用推理的基礎。左思民（2000）把語境確定為「語言交際者所能感知的外部的與交際活動有關的情景」，認為語境主要由以下因素構成：話語所處的上下文、交際題材、交際者特點、交際方式、交際場合、交際時間、在場人員。李美霞（2007）認為下面的幾種語境概念可以涵蓋所有的語境內容：（1）情景語境——包括以下成分：誰在何時、何地、為了何種目的與誰講話；物質情景，語篇發生的社會場景；參加者的角色和地位。（2）文化語境——指影響話語社團成員的一套行為準則、道德觀念等。（3）上下文語境——指前後句。（4）認知語境——指一套公認的規約、法則、準則和共享的設想，與當前活動和一般期盼相聯繫的推理加工知識。以上是對語用學語境概念的一般認識。從具體的語言研究的實際來看，研究

者對語言研究既要重視語言本體的研究，同時也要重視語境對語言在不同文本中呈現的狀態的互相滲透影響是有充分認識的，認為通過識別語境可以瞭解一種文本話語狀態呈現的原因，同時通過話語狀態的研究也可以認知其背後的情境。（李無未、馮煒 2010）

　　我們認為，語境包括宏觀語境與微觀語境兩類，宏觀語境主要指社會文化背景，包括政治制度、經濟狀況、歷史背景、文化因素等；微觀語境包括上下文語境、交際題材、交際者特點、交際方式、交際場合、交際時間等，二者共同影響話語的類型、語篇的構型。我們將從以上幾個角度分析《唐律疏議》問答體疏證法律問答的語境。

## 4.1.2　《唐律疏議》法律問答的語境

　　法律是體現統治階級意志，由國家制定或認可並由國家強制力保證實施的行為規範的總和。（潘慶雲 1997）法律語境下的法律語言，其語篇模式、話語類型、言語形式等都呈現出較為獨特的一面。

　　李振宇（2006）提出法律語境包括社會語境和情景語境，社會語境指的是國家制度（政治體制、民主進程、社會秩序、司法活動等）、文化因素（文化積澱、文化氛圍）、經濟狀況（經濟制度、經濟體制和經濟發展、經濟水平等）、歷史背景（歷史傳統、歷史侷限）等一系列法律存在的社會環境。他認為社會生活方式決定了語言方式和語言內容，社會變化也影響到法律語言使用的變異。法律人是社會的一部分，法律人的語言運用必然受到社會環境的影響。法律術語以及法律語言結構以法律社會環境為基礎，它們相互依存、相互制約。

　　我們認為，應該從宏觀語境與微觀語境兩方面考察唐律法律問答的語境內容。宏觀語境包括法律的性質、唐律的性質、社會文化情境。法律是統治階級意志的體現，是由國家強制力保障實施的、人們必須普遍遵守的行為規範，具有普遍的約束力和至高的權威性，這是法律的性質。《唐律疏議》作為唐朝初年頒行的一部法典，具有封建法典、刑法典的特徵，這是唐律的性質。唐朝初年政治穩定，經濟相對較為繁榮，處於封建社會的上升時期，禮與刑交叉滲透共同協調地作為統治工具，這是唐律的社會文化語境。

　　微觀語境較為複雜，我們從以下幾個方面探究：

　　第一，上下文語境。如果將《唐律疏議》整部法典視為一個大語篇，那麼每條律條可以視為一個次語篇，502 個次語篇共同構成了整部大語篇（法

典）。唐律問答分布於 118 個次語篇之中，前後的插入成分為段落。

第二，交際話題。唐律法律問答主要通過案例分析，圍繞各類犯罪的罪名、刑罰處置辦法、法律術語展開話題，詢問並解答。

第三，交際者特點。詢問者與回答者同為立法者，但在虛擬的情境中，詢問者為基層司法官員或「明法科」考生，回答者為立法者。立法者代表皇帝與統治階級利益，具有至高無上的權威。詢問者必須對立法者的解釋全盤照收、嚴格遵循、無條件服從，也就是說，交際雙方的關係並不是對等的。

第四，交際方式。唐律的法律問答，以國家頒行的成文法作為信息傳遞的媒介；信息傳遞的方向性為單方傳遞；交際雙方並非面對面交際，以實際空間距離為準；語碼類型為標準規範的文言書面語體。

第五，交際場合。唐律法律問答的交際場合一方面具有「高接觸性」，「高接觸性」指的是釋律者與明法科考生、基層司法官員在信息——立法解釋與司法解釋的傳遞與接收上的迫切性、解釋的權威性、接收的無條件性，另一方面具有「低接觸性」，釋律者與明法科考生、基層司法官員的接觸是一種虛擬的臆想中的接觸。

第六，交際時間。唐律法律問答的問與答，表面形式為一問一答緊密銜接，實際上只是一種單向交際，問者與答者即說話人與聽話人處於不同的交際時間中進行交際。

我們對唐律法律問答的宏觀語境與微觀語境的探討還是初步的，更多的細緻的工作還有待繼續開展。

# 4.2 《唐律疏議》問答體疏證法律問答的合作原則分析

## 4.2.1 會話與合作

交際是人類最重要的活動。會話是人類交際最重要的方式。

會話含義理論（the theory of conversational implicature）是由牛津語言哲學家格萊斯（Grice）於 1967 年在哈佛大學講座上首次提出，他認為會話有兩種含義，一種是常規含義（conventional implicature），一種是非常規含義（nonconventional implicature），會話含義（conversational implicature）不是由詞語的常規意義決定的，而是由會話的一般特徵、一般規律決定的。他認為，在話語交際中，任何一個想要實現會話目的的人，都願意遵守「合作原則」

（cooperrative principle）：「我們的談話通常不是由一串互不相關的話語組成的，否則就會不合情理。它們常常是合作舉動，至少在某種程度上；參與者都在某種程度上承認其中有一個或一組共同目標，至少有一個彼此接受的方向。這個目標或方向可能是在開始時規定的（如，在開始時提出一個要討論的問題），它也可能在談話過程中逐漸變化；它可能是比較確定的，也可能不太確定，參與者有較大的自由（就像在隨意談話中那樣）。但是在每一階段，總有一些可能的會話舉動會被認為不合適，而遭到排斥。因此我們可以提出一個初步的一般原則，參與者（在其他條件相同的情況下）一般都會遵守。那就是：使你的話語，在其所發生的階段，符合你參與的談話所公認的目標或方向」。（姜望琪 2003）

「初步的一般原則」就是格萊斯提出的合作原則，他將合作原則劃分為「質」、「量」、「關係」、「方式」四個準則，每個準則下又包括若干次準則。他認為人們在會話時為了達到交際目的，都願意理性地、默契地遵守這個原則及其準則，即會話含義是依賴合作原則及其準則的。我們認為會話合作原則是理想的交際模式，而現實交際中會出現違背準則的情況，這實際上是人們的一種交際策略，「言外之意」就是在這種情況下產生的。

對格萊斯的合作原則理論，後繼者不斷進行修正與補充，批判吸收其理論，並應用在各種言語活動研究中。豪恩（Horn）把格萊斯的四個準則簡化為兩個根本對立的原則，即數量原則和關係原則，萊文森（Levinson）提出用三個原則來取代格萊斯的四個原則，即數量原則、信息原則和方式原則。國內學者中，周禮全（1994）在四準則之上增加第五準則即「態度準則」，金立（2005）將國內對合作原則的定義進行了修正：「合作原則就是在一次談話及其各個階段中，談話參加者應根據談話目的和要求做出自己的積極努力」，呂明臣（2005）提出，常規意義和會話含義的區分割裂了交際的整體性，因此，「我們將言語交際中出現的意義都叫話語意義，不再區別『字面意義』和『會話含義』」。

豪恩批判吸收格萊斯理論，把格萊斯的四個準則簡化為兩個根本對立的原則，即數量原則和關係原則。數量原則要求說話人在遵守關係原則的前提下，提供足夠的話語，盡可能地多說，而關係原則則要求說話人在遵守數量原則的情況下提供必要的話語，話語不要超過必須的程度。這兩個原則之間辯證的相互作用產生了整個格賴斯語用推理機制，可概括如下：在可以使用

相應的無標記表達式（結構簡單）的情況下使用有標記表達式（相對複雜、冗長），往往被理解為傳遞一個有標記的信息，而該信息是無標記表達式所無法傳遞的。而萊文森批評豪恩未能區分制約話語表層形式和制約信息內容的語用原則，並提出用三個原則來取代格萊斯的四個原則，即數量原則、信息原則和方式原則。（一）數量原則指導說話人以最大的信息量進行陳述，除非這樣做違反信息原則，而聽話人則認為說話人盡他所能說出了信息量最大的話語。（二）信息原則要求說話人在遵守數量原則的前提下，遵守最簡化原則，盡可能少說，即提供足以實現交際目的的最小量的語言信息，而聽話人則據此遵守擴展原則，即通過找到確切的解釋來擴展說話人話語的信息內容，直到自己認為已明白說話人的意圖。（三）方式原則要求說話人不無故使用囉嗦、晦澀或有標記的表達式，而聽話人則認為，如果說話人使用囉嗦或有標記的表達式，他的意思和使用無標記表達式時的意義有所不同，具體來說，他是在避免無標記表達式所能引起的常規關係的聯想，以及據信息原則可推導出的含義。（嚴辰松、高航 2005）

周禮全（1994）、金立（2005）等對合作原則作了補充：

1. 質準則（Maxim of Quality）：努力使你的話真實可信。

（1）不要說自知虛假的話。

（2）不要說證據不足的話。

2. 態度準則（Maxim of Attitude）：努力使你的話友好、善意、有藝術性。

（1）要禮貌。

（2）要幽默。

（3）要委婉。

3. 量準則（Maxim of Quantity）：努力使你的話提供適量的信息。

（1）所說之話應包含交談目的所需要的信息。

（2）所說之話不應包含超過需要的信息。

4. 相關準則（Maxim of Relation）：努力使你的話有關聯，切合題旨。

5. 方式準則（Maxim of Manner）：努力使你的話明白清楚。

（1）要通俗明白，避免晦澀。

（2）要清楚明瞭，避免歧義。

（3）要簡明扼要，避免冗長。

（4）要井井有條，避免雜亂。

會話合作原則為我們研究各種話語交際行為提供了理論與方法。

## 4.2.2 《唐律疏議》法律問答與會話合作原則

會話合作原則理論認為合作原則是人們在話語交際中普遍遵循的一般規律，絕大多數話語交際是遵守合作原則的，當然，也有的是違反合作原則的，違背會話準則很多時候是重要的話語策略，正如 Schiffrin 所說：準則對人們的話語行為有指導性作用，同時實際行為背離指導性準則也是可以預見的。因此對理想化準則的違背是常規行為，也是幫助人們在交流中生成和揣摩言外之意的策略。（王虹 2006）根據遵守或違反合作準則的情況與程度，話語交際的合作性呈現出不同的等級，金立（2005）將話語交際分為完全合作的交際、一般合作的交際和不合作的交際。在話語和態度兩維度上都遵守合作準則的是完全合作的話語交際，違反話語和態度任一維度中的合作準則的是一般合作的話語交際。這裡有兩種情況：一是遵守了態度準則而違反了其他準則，即用良好的態度傳達了並不讓對方滿意的信息；二是違反了態度準則而遵守了其他準則，即用惡劣的態度準確地提供對方所需的信息。

《唐律疏議》的法律問答，是法律語境下的書面虛擬會話，語用學的會話合作原則理論適用對這種問答進行分析，我們批判吸收其理論與方法，對部分理論進行了補充與完善，以使其更適用各種語境與語體條件下的話語交際分析。我們認為《唐律疏議》多數問答完全遵守合作原則，屬於完全合作的話語交際。部分問答違反量準則，但其法律語境下的言外之意或者說會話含義是為了更好地遵守合作原則，使合作更具語效力。

### 4.2.2.1 對質準則的遵循

質準則要求交際者努力使會話傳達的信息真實可信，在唐律問答中，引發者的交際功能是詢問，詢問的內容與語篇主題、焦點密切相關，都是圍繞主題、焦點發問，因此質準則更多地表現為應答者單方面的遵循。唐律法律問答的應答者通過各種方式實踐質準則，如通過引經、徵律這種引證的方式使應答證據充分，同時通過例證與比較等，增強話語的可信度。

例 1：W59（T40，24）又問：判官、主典有私，故出流罪，通判及長官不知情，若為科首從之罪？

答曰：假令主典為首，還合流坐；判官為從，合徒三年。不知情者，從公坐失法，公坐既有四等，通判官第三從論，減典二等，又失出減五等，從流減

七等，合杖九十；長官又減一等，合杖八十。其有放而還獲，及本應例減，仍各依本法。

按：應答者以例證的方式條分縷析，增強話語交際的說服力，滿足質準則的需求。

例 2：W74（T75，34）又問：應上不到，因假而違者，並罪止得徒二年。若準三十四日罪止，便是月番之外。今解下番之日不坐，恐理未盡？

答曰：依式：「三衛去京二千里外，六十日上；嶺南為季上。」三十四日罪止，為包遠道生文。

按：應答者引用法律規定作為證據，滿足質準則的需求。

### 4.2.2.2　關於態度準則

法律體現統治階級意志，法律的實施以國家強制力為保障，在這樣的語境下，法律語言尤其是立法語言要求必須具有權威性、莊嚴性、規範性，話語交際應使用權威口吻，並帶有一種毋庸置疑的威嚴，因此唐律法律問答的態度準則與日常交際不同，體現了法律語境下立法語言的鮮明特點，話語直接，語氣冷峻，用語謹慎，不帶感情色彩，日常話語交際的委婉、幽默、禮貌等態度準則並不適用這類語體的考察。

### 4.2.2.3　對量原則的遵循與違反

在實際交際中存在違反量準則的話語行為，我們認為，對量準則的違反有時是為了更好地實現質準則，是成功的合作。

量準則要求交際雙方的話語都能提供「適量」的信息，所謂適量，是一種限度，既不能缺乏交際目的需要的信息，同時也不應超出交際目的需要的信息，在合作原則理論關照下，這樣的交際才會被認為是符合量準則的成功的交際。考察唐律的法律問答，我們認為，唐律問答雖然違反了量準則的一個重要原則，即「所說之話不應包含超過需要的信息」，但卻是非常成功的交際。在問答中，我們看到應答者的話語不僅包含交際目的需要的信息，對詢問有問必答，同時還超量傳達了信息，這種信息量「過多」的情況表面看似乎違反了量準則，出現了多餘的信息，但是這種多餘信息一方面並未偏離話語的主題，同時提供多餘信息的目的是為了更準確更詳盡地解析主題，也就是說，這種違反是為了最大程度地遵循質準則。在法律解釋的語境下，這種超量傳達顯得既合情又合理，也是必要的與必須的，只有這樣才能更進一步保障質準則的實現，因為交際當中，最重要的同時最應遵循的就是質準則，

合作原則理論的首創者格萊斯對這一點認識得非常清楚：「只有先假定滿足了質準則，其他的準則才能得以發揮作用。」（轉引自金立 2005）豪恩與萊文森對格萊斯理論的借鑒與修正也表明，量準則與質準則是互相依存與制約的關係，只要不違反信息傳遞的質準則，信息量是可以最大化的。唐律的法律問答中應答者提供的較大的信息量實際是在傳遞一個「有標記」的信息，這個信息就是保證質準則的最優化。因兩個準則互相衝突而違背了其中之一，這種「故意違反」凸顯了會話含義。

唐律問答違反量準則的情況比較常見：

例 1：W94（T243，51）問曰：私有甲三領及弩五張，準依律文，各合處絞。有人私有甲二領並弩四張，欲處何罪？

答曰：畜甲、畜弩，各立罪名，既非一事，不合併滿。依名例律：「其應入罪者，舉輕以明重。」有甲罪重，有弩坐輕；既有弩四張已合流罪，加一滿五，即至死刑，況加甲二領，明合處絞。私有弩四張，加甲一領者，亦合死刑。

按：引發者詢問私有違禁武器「甲二領並弩四張」，應該如何處置。應答者首先引用證據以示話語的可信度，即已相當程度滿足質原則的要求，接著對具體處置辦法做出解答──「明合處絞」。按照合作原則，此時的話語交際已可圓滿完成，但應答者在結尾又補充了一個信息──「私有弩四張，加甲一領者，亦合死刑」，這個似顯多餘的信息與引發者的話題密切相關，屬於有效補充，是為了此次交際質準則的更加完善。

例 2：W97（T249，53）問曰：雜戶及太常音聲人犯反、逆，有緣坐否？

答曰：雜戶及太常音聲人，各附縣貫，受田、進丁、老免與百姓同。其有反、逆及應緣坐，亦與百姓無別。若工、樂、官戶，不附州縣貫者，與部曲例同，止坐其身，更無緣坐。

按：引發者提出一個話題，應答者簡單解釋後直接提供了具有權威性的信息，符合質準則的要求，之後又補充提供了一個信息，這個多餘的信息違反了量準則，但與引發者的話題密切相關，屬於同一類別，所以這個「多餘」的信息量是為了更準確地傳達相關的信息，因此這種違反有助於高質量與高效率地完成此次交際任務，是為了更優質地實現質準則。

### 4.2.2.4　對相關準則的遵循

相關準則要求話語交際者所提供的信息之間必須有關聯，要切合題旨。唐

律法律問答嚴格遵循相關準則,這一點與日常話語交際顯著不同,日常話語交際出於各種原因,經常出現各種違反相關準則的現象,而法律條文具有法律效力、解釋為有權解釋的語境,要求所有信息必須圍繞大語篇與小語篇的話題展開,話題之間、信息之間必須密切關聯。

例:W52(T38,22)又問:甲乙二人,輕重罪等,俱共逃走,甲捕乙首,甲免罪否?

答曰:律稱「獲半以上首者,皆除其罪」,甲乙共亡者,甲能獲乙,逃罪已盡,更無亡人,獲半尚得免辜,況其逃亡全盡,甲合從原。假有十人合死,俱共逃亡,五人捕得五人,亦是首、獲相半。既開首捕之路,此類各合全免。

按:引發者提供的信息內部符合關聯原則,具體體現為有犯罪主體,亦有情節,應答者首先引用證據,使話語交際在開端就已一定程度滿足了質準則的要求,接著以引用的證據說明處置辦法,至此符合量準則的需求。最後傳達的信息為超量信息,但與引發者的信息密切相關,都屬同一種罪名下不同的犯罪情節,因此,儘管信息超量,但符合質準則,也符合關聯準則,是一次符合合作原則的完全交際。

### 4.2.2.5　對方式準則的遵循

方式準則要求交際話語通俗、清楚、簡明、井井有條,避免晦澀、歧義、冗長、雜亂。在對方式準則的遵循上,《唐律疏議》問答體疏證的問答可以說是一個典範,這與其法律語境及法典語體有關。《唐律疏議》的語言,無論律、注還是疏議(「議」與「問答」)均準確嚴密、莊重規範、平易簡約、邏輯縝密、表述適切,完全符合合作原則的方式準則,這一點與日常口語交際也不相同。

# 4.3 《唐律疏議》問答體疏證法律問答的會話結構分析

## 4.3.1　話語分析與會話分析

話語分析(Discourse Analysis)是西方 20 世紀 60 年代末、70 年代初發展起來的一門新興學科,主要研究在實際語言運用中具有一定交際目的的口頭和書面言語交際單位的結構特點,如話語結構模式和構成規則,話語類型和話語的語體變體,話語交際中的各種語義特點,話語生成和接收過程中表現出的語用特點等等。(劉虹 2004)

會話分析（Conversation Analysis）屬於話語分析的一個分支，由美國社會學家薩克斯（Sacks）等開創，廣義的會話分析指對所有會話的研究，狹義的會話分析僅指對口語的研究。會話分析者主要進行整體結構、局部結構等會話結構的研究，以及話語的序列結構和連貫、主題啟動和發展、反饋、修復等會話交際研究。

本節內容主要應用會話分析理論中的會話結構理論，結合國內漢語語用學研究成果，對《唐律疏議》法律問答的會話結構進行分析，探討唐律法律問答的會話結構特點。

### 4.3.2 《唐律疏議》法律問答會話結構分析

會話結構分為總體結構與局部結構兩部分，總體結構指一個完整的會話活動在其展開過程中依照交際要求所形成的功能模式，可分為四種類型：求助型、詢問型、自薦型、搭訕型（左思民 2000）。唐律法律問答總體結構屬於詢問型會話，以「詢問——回答」的形式完成語言交際活動，問式與答式的語篇構成有單句、複句與句群，無論言語形式簡單還是複雜，都形成相對封閉的系統，完成詢問與回答的任務。這種詢問型會話屬於語篇中的會話，是部分次語篇（律條）中的嵌入式會話，位置有的位於次語篇的中間，有的位於結尾。語篇中間與結尾的位置，其顯示的「特殊含義」表明，這種結構的出現並非為引出言語交際活動，而只是交際的次生部分。這種法律問答又是大語篇（整部法典）這個語言交際單位的一部分，與「議曰」相互配合，共同合作，一起實現對整部法典的訓釋功能。

局部結構則指交際者交替發話這一合作活動所形成的輪番說話的功能組合方式（左思民 2000），本節我們將從唐律法律問答的話輪言語形式、話輪交接方式、話輪對等幾個方面探討其局部結構特點。

#### 4.3.2.1 《唐律疏議》法律問答的話輪言語形式——局部結構分析之一

話輪（turn）指會話過程中，說話者從開始到結束（主動結束或被動結束）連續說出的一番話。薩克斯等認為，話輪可以由多種語言單位構成，包括詞、短語、句子、從句。《唐律疏議》法律問答的話輪，無論是引發話輪還是應答話輪，都是由單句、複句、句群構成的，不存在使用詞或短語的現象。究其原因在於引發話輪需要就某種疑難話題進行詢問，遵循會話合作原則，必須提供足夠的信息才能夠表述清楚，僅靠詞和短語是無法實現的，同時也

是出於遵循會話合作原則的目的，應答話輪更需要運用複雜的言語形式才能保證質原則的實現。唐律問答178個話輪對中，引發話輪包括單句2例、複句95例、句群81例；應答話輪包括複句12例、句群166例。可見應答話輪遠比引發話輪承擔的言語交際功能複雜。

例1：W95（T248，52）問曰：反、逆人應緣坐，其妻妾據本法，雖會赦猶離之、正之；其繼、養子孫依本法，雖會赦合正之。準離之、正之，即不在緣坐之限。反、逆事彰之後，始訴離之、正之，如此之類，並合放免以否？

答曰：刑法慎於開塞，一律不可兩科，執憲履繩，務從折衷。違法之輩，已汩朝章，雖經大恩，法須離、正。離、正之色，即是凡人。離、正不可為親，須從本宗緣坐。

按：此話輪對引發話輪及應答話輪均為句群。

例2：W101（T260，56）問曰：監臨親屬為部下人所殺，因茲受財私和，合得何罪？

答曰：依律：「監臨之官，知所部有犯法，不舉劾者，減罪人罪三等。」況監臨內相殺，被殺者又是本親，一違律條，二乖親義，受財一疋以上，並是枉法之贓，贓輕及不受財，各得「私和」之罪。其間有罪重者，各從重科。

按：此話輪對引發話輪為複句，應答話輪為句群。

### 4.3.2.2 《唐律疏議》法律問答的話輪交接——局部結構分析之二

話輪交接指由一個話輪向另一個話輪的轉換。《唐律疏議》法律問答的話輪交接與口語會話不同，引發者與應答者實為一人，即立法者，因此這種虛擬對話的交接完全依照語篇的實際需要，以及語篇組織者（立法者）的主觀調控來實現，故法律問答並非於每個次語篇下都存在，經統計，共出現於118個次語篇中，出現的卷目、條目，完全視實際需要而定，或出現於律條的最後，或穿插其間。當引發話輪提出問題後，應答話輪馬上銜接，一次話語交際多為一個話輪對，而且沒有「反饋項目」、半話輪（附屬話輪）、未完成話輪以及聽話者完成說話者話輪時的重疊。「反饋項目」指的是聽話者的反應形式，可分為言語性和非言語性兩種。附屬話輪指在會話過程中，有兩個人同時開口說話，其中一方馬上退出後所形成的殘缺的言語形式。未完成話輪指的是在會話過程中，有時由於聽話者強行打斷說話者的話，或者誤以為話輪完成，或者為了爭取說話權造成話輪重疊，重疊後一個說話者馬上退出，從而形成未完成的話輪（劉虹2004）。《唐律疏議》法律問答的話輪均為完成話

輪，話輪與話輪之間，既無空隙（gap），也無重疊（overlap）。因其虛擬會話的性質，即這種問與答其實是事先「設定（assumptions）」的，引發者與應答者事實上同為一人（立法者），因此這是一種有目的、經過事先設計的問話與答話，這個過程包含了四個步驟：準備問題——提出問題——考慮回答——完成回答。因此這種精心設計的由一個人完成的問與答均為標準的、規範的完成話輪。

例 1：W37（T32，17）問曰：私鑄錢事發，所獲作具及錢、銅，或違法殺馬牛等肉，如此之類，律、令無文，未知合沒官以否？

答曰：其肉及錢，私家合有，準如律、令，不合沒官。作具及錢，不得仍用，毀訖付主，罪依法科。其鑄錢見有別格，從格斷。餘條有別格見行破律者，並准此。

例 2：W52（T38，22）又問：甲乙二人，輕重罪等，俱共逃走，甲捕乙首，甲免罪否？

答曰：律稱「獲半以上首者，皆除其罪」，甲乙共亡者，甲能獲乙，逃罪已盡，更無亡人，獲半尚得免辜，況其逃亡全盡，甲合從原。假有十人合死，俱共逃亡，五人捕得五人，亦是首、獲相半。既開首捕之路，此類各合全免。

按：《唐律疏議》法律問答所有話輪交接形式均與例 1、例 2 相同，都為完成話輪，無間隙、無重疊。

### 4.3.2.3 《唐律疏議》法律問答的「話輪對」——局部結構分析之三

薩克斯等人關於會話結構的一個重要論點是：一次會話至少由兩個話輪組成，會話是成雙成對的。「話輪對」是比話輪大的交際單位，指由兩個或多個話輪（相關語句）成對出現、交替組合構成的一個引答結構。最典型的話輪對是相鄰語對（adjacency pairs），相鄰語對有如下特徵：1. 由兩個話輪組成；2. 兩個話輪相鄰；3. 兩個話輪各由不同的交際者分別說出；4. 先說的話輪是引發語，後說的話輪是應答語，引發語在應答語之前；5. 引發語和應答語有一定的配合關係，形成相應的配合類型或叫合作類型。（左思民2000，姜望琪 2003，劉虹 2004）

根據會話分析理論，相鄰語對有八種結構：

1. 致意—致意
2. 呼喚—回答
3. 詢問—回答

4. 告別—告別

5. 讚揚—接受／同意／否定／轉題／回報

6. 抱怨—道歉／否認／藉口／爭辯／質問

7. 提供—接受／拒絕

8. 請求—應允／搪塞／質問／拒絕

《唐律疏議》法律問答所有的相鄰語對都是詢問—回答結構，非常典型，引發話輪多以疑問語氣承擔詢問任務，應答話輪以陳述語氣解答疑問，平和、冷峻，表達法律語境下不容置疑的權威性以及法律效力。

相鄰語對的形式結構可以分為兩大類，一是毗鄰式，一是嵌入式。嵌入式指的是引發語和應答語中間嵌入其他問答結構的形式。

劉虹（2004）認為，毗鄰式結構包括兩種形式，一種是毗鄰雙部式，另一種是毗鄰多部式。毗鄰雙部式由相鄰的引發語和應答語兩部分構成，依次順序排列，組成一個有序的鏈條，結構最為簡單，在會話中也最為常見。毗鄰多部式由分屬不同話輪的兩個以上的相鄰語句構成，這種結構的中間部分兼有引發語和應答語雙重功能，它既是上一個話輪的應答語，又是下一個話輪的引發語，依次層層套在一起，形成一個緊密聯繫的整體。我們考察《唐律疏議》法律問答的話輪對，發現其結構均屬毗鄰式中的雙部式，相鄰的引發語和應答語依次順序排列，中間沒有嵌入，亦無需糾偏（repair）。毗鄰雙部式在次語篇中以一組形式出現的有 79 次，以兩組形式連貫出現（話輪對之間無其他語言成分嵌入）的有 27 次，以三組形式連貫出現的有 5 次，以四組形式連貫出現的有 5 次，以五組形式連貫出現的有 2 次。

唐律法律問答的話輪對以一組形式出現時，話輪的銜接形式是「問曰答曰」；以兩組形式連貫出現時，轉接形式為「問曰答曰＋又問答曰」；以三組形式連貫出現時，轉接形式為「問曰答曰＋又問答曰＋又問答曰」；以四組形式連貫出現時，轉接形式為「問曰答曰＋又問答曰＋又問答曰＋又問答曰」；以五組形式連貫出現時，轉接形式為「問曰答曰＋又問答曰＋又問答曰＋又問答曰＋又問答曰」。

在同一個次語篇中，以兩組和兩組以上相鄰語對形式出現的問答並不總是以緊密銜接的形式呈現的，中間往往插入其他語言成分。以出現五組話輪對的次語篇為例，《名例律》卷第一總第 18 條律文下出現的話輪對有五組，形式為：一組＋連續兩組＋連續兩組；《名例律》卷第四總第 30 條律文下出

現的五組話輪對形式為：一組＋連續三組＋一組，中間都嵌入其他非問答話
語成分。

## 4.4 小　結

　　本章批判吸收現代語用學中的語境、會話合作原則、會話分析等理論探討
《唐律疏議》問答體疏證法律問答的語境特點、會話合作原則的實踐以及會話
結構等，得出了一些初步的結論。

　　唐律問答體疏證法律問答的宏觀語境一方面體現為封建刑法典的法律語
境性質，另一方面體現為唐初政治穩定、經濟較為繁榮的封建社會上升時期、
禮與刑共同作為統治工具的社會文化語境性質。上下文語境、交際話題、交際
者特點、交際方式、交際場合、交際時間等微觀語境也各有特點。

　　問答體疏證多數問答完全遵守合作原則，屬於完全合作的話語交際。部
分對話違反量準則，但其法律語境下的「言外之意」是為了更好地遵守合作
原則，保證質準則實現的最優化，使合作更具語效力。

　　應用會話分析理論分析唐律法律問答的結構，發現法律問答話輪的言語
形式較為複雜，為實踐質準則應答話輪遠比引發話輪承擔的語言交際功能複
雜，具體體現為 178 組話輪對中，引發話輪包括單句 2 例、複句 95 例、句群
81 例；應答話輪包括複句 12 例、句群 166 例。另外唐律法律問答所有話輪交
接形式均為完成話輪，無空際、無重疊。話輪對結構為「詢問—回答」式相鄰
語對，相鄰的引發語與應答語依次有序排列，組成毗鄰雙部式，沒有嵌入，無
需糾偏。

　　採用會話合作原則、話語分析等現代語用學理論和方法研究法律語言及
法律語篇的成果已經開始增多，但以現代語用學理論探討《唐律疏議》語篇及
法律問答的相關研究迄今尚未見到，本章內容只是初步的嘗試性探討，許多問
題有待更深入的開掘，相信隨著研究者的增多及研究的深入，對《唐律疏議》
問答體疏證的法律問答、《唐律疏議》語篇及其他法律語篇的分析會更加深入，
也更趨完善。

# 第 5 章　《唐律疏議》問答體疏證訓詁研究

　　問答體疏證作為《唐律疏議》重要的訓詁方式與「議曰」部分的訓詁配合使用，共同完成對《唐律疏議》律注的訓釋，這是它作為宏觀訓詁方法所起的作用與所具有的特點，本章內容從微觀視角考察《唐律疏議》問答體疏證，探討問答體疏證的具體構成與運作特點，即問式與答式的行文程序、答式在對問式內容進行訓釋時使用的訓詁方法與訓釋用語等，以探索律學訓詁的特點。

　　《唐律疏議》問答體疏證在對律文及注文進行訓釋時，問式和答式均按幾種固定的行文格式進行疏解，我們將問式和答式的這種行文格式稱為訓詁程序或訓釋程序。唐律問答體疏證問式與答式的語序依照法律問答的行文特點，形成了幾種較為固定和嚴整的程序。

　　答式在對問式內容進行疏解時，使用了多種訓詁方法。鑒於目前的訓詁學著作在理論術語的使用上較為隨意，如在表述「訓詁方法」義時，相近的術語有「訓詁條例」、「訓詁體式」、「訓詁方式」等，在含義上，有的不盡相同，有的多有交叉，有的大體一致，為避免混亂，本章統一使用「訓詁方法」這一術語，指對字、詞、章句等的意義從已知到未知的求索手段。

　　訓詁術語（程式化訓釋術語、訓釋程序語、訓釋用語）指的是訓詁學用於專門表示訓釋語和被訓釋語之間某種關係的程式化用語。傳統經學訓詁常用的訓釋術語較為固定，如用來釋詞的有「曰」、「為」、「謂之」、「猶」、「之為言」等；用來注音的有「讀如」、「讀若」等；用來明字的有「當做」、「當為」等；用來闡釋文意的有「言」，「謂」等。《唐律疏議》問答體疏證問式在提出問題

時、答式在對問式內容訓釋時，都使用了一些訓釋用語，有的是經學訓詁常用的程序語，有的非常特殊，為律學訓詁所獨有。

# 5.1 問式訓釋程序及訓釋用語分析

《唐律疏議》問答體疏證問式的訓釋程序常見的有四種，訓釋用語的使用也較為規律與獨特，體現了律學訓詁的特點。

## 5.1.1 疑難情狀＋推定處斷方法（45）

「疑難情狀」主要指問者根據本條法律規定，預設相關的司法實踐中的疑難案例，多為犯罪主體罪狀的描述，「推定處斷方法」是指問者依據對法律條文的理解，揣測、擬議、推定一種或兩種罪名、罪狀、刑罰等，請求答者予以確認。

### 5.1.1.1 以「假（脫）有」為訓釋用語引出虛擬的疑難案例，後多在術語「合……以否」、「（得）同……以否」之間插入推定的處斷方法（5）

W51（T38，22）、W65（T45，27）、W67（T54，29）、W73（T75，34）、W100（T259，55）。

例：W51（T38，22）問曰：假有犯百杖者十人，同共逃走，六人歸首，又捕得逃者二人，得同獲半以上除罪以否？

按：本處問答出現於《名例律》卷第五總第 38 條律文中。此條律文是關於自首專門條文的第二條，是鼓勵共同逃亡之罪犯相互捕捉以減少社會危害之特殊律條，重點是規定只有滿足輕罪捕得重罪、少數捕得多數之要求才能免罪。此律條下共四處問答。W51 用「假有」領起假設式案例，詢問在此種假設的疑難情況下，是否適用問者推定的「獲半以上除罪」的法律。程式化用語「得同……以否」之間為問者推定的刑罰處置辦法。

### 5.1.1.2 以「未知」為訓釋用語引出推定、擬議的處斷方法（10）

W28（T28、13）、W37（T32，17）、W42（T33，18）、W46（T36，20）、W58（T40，24）、W93（T205，50）、W108（T264，59）、W155（T365，97、W156（T365，97）、W169（T453，109）。

例 1：W37（T32，17）問曰：私鑄錢事發，所獲作具及錢、銅，或違法

殺馬牛等肉，如此之類，律、令無文，未知合沒官以否？

　　按：《名例律》卷第四總第 32 條律文是關於對贓處置的專門條文之一。W37 提出的問題裏涉及的兩類犯罪，此律條及律注雖沒有明確提及，但與律條及律注規定的處罰辦法「沒官」相關，所以問者詢問兩類犯罪中的物品是否屬「沒官」的範疇。值得注意的是，雖然問者只例舉了兩類犯罪行為，但詢問的是「律、令無文」即法律沒有明文規定的同一類問題，所以使用了「如此之類」這種表類推的詞語。推定的刑罰辦法夾在術語「未知合……以否」之間。

　　例 2：W58（T40，24）問曰：有主典增減文案，詐欺取贓五疋，判官不覺，依增減狀判訖。未知判官於詐欺贓失減，唯復於增減官文書失減？

　　按：《名例律》卷第五總第 40 條是官署中官吏公務過失犯罪處置制度兩個專條的第一條，主要規定以連坐之法追究官吏公罪罪責。此律條下共有三處問答。W58 虛擬疑難案例，並預設兩種罪名及刑罰辦法，請求答者從中予以選擇和解釋。

### 5.1.1.3　預設疑難案例後，在術語「（亦）合……（以）否」（11）、「（并、得、亦）同……以否」（8）、「得……（以）否」（6）、「（有）……（以）否」（4）之間插入推定的罪名、罪行、刑罰等（29）

　　W12（T18，6）、W20（T21、9）、W22（T24、10）、W128（T308，76）、W131（T315，78）、W132（T315，78）、W143（T337，86）、W146（T345，89）、W151（T352，93）、W157（T366，98）、W175（T474，115）；W26（T27、12）、W53（T38，22）、W87（T177，45）、W99（T257，54）、W120（T294，69）、W124（T299，72）、W138（T335，84）、W167（T413，107）；W56（T39，23）、W110（T269，61）、W134（T318，80）、W139（T336，85）、W142（T337，86）、W163（T376，103）；W8（T17，5）、W52（T38，22）、W97（T249，53）、W144（T343，87）。

　　「合」、「得」、「有」表示應該、適用等。

　　例 1：W22（T24，10）問曰：妻有「七出」及「義絕」之狀，合放以否？

　　按：《名例律》卷第三總第 24 條律文是關於流配之法的專條，規定流配的內容和入籍的辦法。W22 針對此條「妻妾從之」（妻妾必須跟隨犯流罪的丈夫配發至流放地）之律提出疑問。問者並列犯人之妻的兩類行為，詢問此

種情狀下丈夫是否可以休棄遣走妻子。此條法律規定丈夫犯流罪需服流刑，所以「妻妾從之」這一規定很可能會引發作弊行為，即丈夫得知判服流刑於是聲稱妻子犯錯並休棄，或者以前犯錯未休棄適值流放始休棄的造假行為，以使妻子免遭流放之苦。因此在司法實踐中，就需要給以甄別並採取相應的措施。問者推定、擬議一種處置辦法，請求確認是否適用。問式程式化訓釋用語「合……以否」之間為問者推定的處置辦法。

例2：W26（T27、12）問曰：家內雖有二丁，俱犯徒坐，或一人先從征防，或任官，或逃走及被禁，並同兼丁以否？

按：本處問答出現於《名例律》卷第三總第27條律文下。此條律文是關於徒刑犯家中無另一個成丁情況下的刑罰變異執行制度。此條律文下共兩處問答。W26圍繞本條律文提出疑問，這個問題的大前提是「家內雖有二丁」但「俱犯徒坐」，在此前提下可能存在四種疑難狀況，問者一一列出，並預設了相同的罪名——「並同兼丁」（視同家有成丁），請求釋律者確認。問式程式化訓釋用語「同……以否」中插入的罪名、刑罰是本條律文內涉及的罪名。

例3：W56（T39，23）問曰：貿易官物，復以本物卻還，或本物已費，別將新物相替，如此悔過，得免罪否？

按：《名例律》卷第五總第39條是關於自首專門條文的第三條，規定犯罪悔過向財物主人還贓自首的處置制度。此律條下共有兩處問答。問者首先預設兩種犯罪後又悔過並向財物所有者以不同方式補償的案例，詢問對此類罪犯是否應像預設的那樣「免罪」即免予處罰。程式化用語「得……否」之間為問者推定的處置辦法。

例4：W8（T17，5）問曰：敕、制施行而違者，有公坐以否？

按：此問答出現於《名例律》卷第二總第17條律文中，此律文規定「官當」制度的具體實施辦法。W8針對前段律文中出現的法律術語「公坐」，提出在制、敕執行中違背敕意而犯錯的情況，是否屬於「公坐」（公罪），請求答者確認罪名。程式化用語「有……以否」之間為問者推定的罪名。

### 5.1.1.4　無程式化訓釋用語（1）

W123（T297，71）。

例：W123（T297，71）問曰：有人行盜，其主先不同謀，乃遣部曲、奴婢隨他人為盜。為遣行人元謀作首，欲令部曲、奴婢主作首？

按：此處問答出現於《賊盜律》卷第二十總第296條律文下，此律文規

定略、誘、盜罪中知情而分、買、藏罪之犯罪行為。首先虛擬疑難案例，接著推定兩類主犯，均無訓釋程序語。

## 5.1.2　徵引律注＋疑難情狀＋推定處斷方法（41）

### 5.1.2.1　徵引律注的程序

部分問式的程序，首先徵引本條或他條相關律條或注文，少數引用相關的「令」，其中以引用本條律文居多，因問答式疏解目的是針對本條律條出現的疑問而設問答疑，引用的他條律條及《唐律疏議》之外的「令」，都與本條律條所涉問題相關。徵引的律、令，部分完全直引；部分基本直引，只有個別詞語的差異；部分引用律文大意。

引用律條大意的，如：W1（T5，1）問曰：答以上、死以下，皆有贖法。未知贖刑起自何代？此條問式第一句引用的即為本條律文大意。

基本直引相關的律條及完全直引律條，有幾種形式：

第一，直接徵引律條。

例：W6（T16，4）問曰：「無官犯罪，有官事發，流罪以下以贖論。」雖稱以贖，如有七品以上官，合減以否？

第二，「依令（例）＋令文」或「依律＋律文」。

例1：W7（T16，4）問曰：依令：「內外官敕令攝他司事者，皆為檢校。若比司，即為攝判。」未審此等犯公坐，去官免罪以否？

例2：W14（T18，6）又問：依律：「共盜者，並贓論。」其有共受枉法之贓，合併贓科罪否？

例3：W100（T259，55）問曰：假有部曲若奴，殺別人部曲、奴婢一家三人，或支解，依例「有犯各準良人」，合入十惡以否？

第三，「律（文、條）云＋律文」或「注云＋注文」。

例1：W9（T17，5）問曰：律云：「若去官未敘，亦準此。」若有去官未敘之人而有事發，或罪應官當以上，或不至官當，別敕令解，其官當敘法若為處分？

例2：W15（T18，6）問曰：文云：「十惡、故殺人、反逆緣坐，會赦猶除名。雜犯死罪等，會降從當贖法。」若有別蒙敕放及會慮減罪，得同赦、降以否？

例3：W29（T28、13）又問：注云：「造畜蠱毒，婦女應流者，配流如

法。」未知此注唯屬婦人，唯復總及工、樂以否？

例 4：W77（T112，37）問曰：條云「被制書施行而違者徒二年」，未知敕及奏抄得罪同否？

第四，「依（據）××律（令）＋律（令）文」。

例 1：W3（T6，2）問曰：依賊盜律：「子孫於祖父母父母求愛媚而厭、咒者，流兩千里。」然厭媚、咒詛罪無輕重。今詛為「不孝」，未知厭入何條？

按：此問式出現於《名例律》卷第一總第 6 條律條中，第一句即引用《賊盜律》卷第十八總第 264 條，原律條為「即於祖父母、父母及主，直求愛媚而厭咒者，流二千里。」只有個別詞語上的差異。

例 2：W68（T55，30）問曰：依戶令：「疑有奸欺，隨狀貌定。」若犯罪者年貌懸異，得依令貌定科罪以否？

例 3：W112（T281，63）問曰：據捕亡律：「被盜，雖傍人，皆得補繫。」未審盜者將財逃走，傍人追捕，因即格傷，或絕時、不絕時，得罪同「強盜」否？

第五，「律文唯言……不言……」。

此程序引用律文大意，指出律文未明確規定之處：

例：W103（T262，57）問曰：律文唯言里正、坊正、村正等罪，不言州、縣知情之法。若州、縣官司知而不糾，復合何罪？

第六，「××（律）云＋律文」。

例 1：W117（T286，66）又問：名例云：「稱以盜論者，與真犯同。」此條「因而竊取，以竊盜論加一等」，既云「加一等」，即重於竊盜之法。監臨竊三十疋者絞，今答不死，理有未通？

例 2：W121（T294，69）又問：名例律云：「家人共犯，止坐尊長。」未知此文「和同相賣」，亦同家人共犯以否？

第七，「律稱＋律文」。

例：W133（T316，79）問曰：律稱「流外官以下，毆議貴徒二年」。若奴婢、部曲毆議貴者，為共凡人罪同，為依本法加罪以否？

第八，「準……條＋律文」或「又準＋律條」。

例：W152（T354，94）問曰：準誣告條：「至死而前人未決，聽減一等。流罪以下，前人未加拷掠，而告人引虛，得減一等。」又準：「官司入人罪，若未決放，聽減一等。」有誣告赦前死罪，官司受而為推，得依此條減罪以否？

第九，「××律＋律文」。

例：W160（T372，101）問曰：捕亡律：「被人毆擊折傷以上，若盜及強姦，雖傍人，皆得捕繫。」其傍人雖合捕攝，乃詐稱官遣而捕繫之，合科何罪？

第十，「準文唯言＋律文」。

詢問與律文相關但律文沒有涉及的問題：

例：W86（T175，44）問曰：有私約者，準文唯言「老、幼、疾、殘、養、庶之類」，未知貧富貴賤亦入「之類」得為妄冒以否？

### 5.1.2.2　徵引律注後，以「脫或」、「其有」、「若（假）有」、「如」、「若」等表假設的問答體訓釋程序語引出疑難案例，在「得……（以）否」、「合……（以）否」等之間插入推定、預測、擬議的處斷辦法（18）

W5（T11，3）、W6（T16，4）、W13（T18，6）、W14（T18，6）、W15（T18，6）、W23（T26、11）、W38（T32，17）、W62（T44，26）、W66（T46，28）、W68（T55，30）、W104（T262，57）、W105（T262，57）、W107（T263，58）、W125（T302，73）、W133（T316，79）、W137（T333，83）、W149（T347，91）、W158（T369，99）。

例 1：W62（T44，26）問曰：律稱折來年者，脫或來年旱潦及遇恩復無課役者，得折以後來年以否？

按：《名例律》卷第五總第 44 條是關於共同犯罪的處置條款，是此類規定的三個專條中的第三條。此律文下共有兩處問答。W62 中問者首先徵引本條律文之一處注文「當年無課役者，折來年」（為大意），詢問假如出現異常情況，預設的處理方法是否可行，要求給予補充解釋。以「脫或」引出虛擬案例，在「得……以否」之間嵌入推定的處理辦法「折以後來年」。

例 2：W66（T46，28）問曰：「小功以下相隱，減凡人三等。」若有漏露其事及擿語消息，亦得減罪以否？

按：《名例律》卷第六總第 46 條主要規定「有罪可相容隱」的關係範圍。W66 首先引用律文，接著用「若有」引出假設案例，請求解答是否按推定的刑罰處置辦法即「減罪」處罰。

### 5.1.2.3　徵引律注、預設疑難案例後，在問式程式化訓釋用語「合……（以）否」、「得……（以）否」「同……（以）否」等之間嵌入推定、預測、擬議的處斷辦法（6）

W21（T21、9）、W45（T36，20）、W82（T145，41）、W95（T248，52）、W106（T262，57）、W111（T277，62）。

例：W21（T21、9）問曰：此條內有毆告大功尊長、小功尊屬者，合以贖論否？

按：本處問答出現於《名例律》卷第三總第21條律文下，針對法律條文規定的簡約、不詳盡處提問。徵引的律文只言「此條內」，根據上文，指在本條「若官盡未敘，更犯流以下罪者，聽以贖論」的律文之內，此處並沒有明確規定「毆告大功尊長、小功尊屬者」是否可以聽贖，釋律者由此條「聽以贖論」的規定，預設司法實踐中可能會遇到此類案例，因此提出擬議的解決辦法，請求釋律者給以確認及解釋。此問答中，疑難案例的引出無訓釋術語，在問式訓釋程序語「合……（以）否」之間嵌入擬議的刑罰辦法。

### 5.1.2.4 徵引律注後，用問式程式化訓釋用語「未知（審）」引出虛擬的疑難案例或推定、擬議的處斷方法（17）

W7（T16，4）、W17（T19，7）、W19（T21，9）、W30（T29、14）、W32（T30，15）、W34（T30，15）、W35（T30，15）、W77（T112，37）、W86（T175，44）、W109（T267，60）、W112（T281，63）、W118（T288，67）、W121（T294，69）、W130（T310，77）、W145（T344，88）、W152（T354，94）、W159（T371，100）。

例1：W32（T30，15）問曰：既云「盜及傷人亦收贖」，若或強盜合死，或傷五服內親亦合死刑，未知並得贖否？

按：《名例律》卷第四總第30條律文規定老、幼、病殘人犯罪減輕處罰的具體辦法，此律條下共有5處問答式疏解。W32首先徵引本條部分律文之規定（為基本直引），詳細詢問如果發生列舉的兩種疑難情況的具體處置辦法，即能否共同適用此條「收贖」之法律。「未知」後是問者對處置方法「並得贖」的擬測。

例2：W77（T112，37）問曰：條云「被制書施行而違者徒二年」，未知敕及奏抄得罪同否？

按：《職制律》卷第九總第112條是關於懲治執行制敕有違之違法犯罪，是有關執行制敕及官文書有犯的四個專條的第二條。此律條下共有一處問答。此律文明確規定，執行制書有違的犯罪應處兩年徒刑。問者首先徵引此律條部分律文，接著用問答體程式化訓釋用語「未知」引出疑難情況——「敕

及奏抄（施行而違者）」，詢問與執行制書有違的犯罪相類的敕及奏抄有違的犯罪，是否應處同樣刑罰。

### 5.1.3　疑難情狀＋詢問處斷方法（52）

此類程序首先預設司法實踐中可能出現的疑難案例，接著提出疑問，請求答者給出明確、具體的罪名、刑罰或處置辦法。與第二類程序不同，此類程序並非事先推定、擬議出解決辦法請求答者予以確認及解析，而是提出質詢，請求答者給出解決辦法。此程序描述疑難案例部分較少使用程式化訓釋用語，但提問時都使用了程式化訓釋用語。

#### 5.1.3.1　前句以問式程式化用語「假有」引出疑難案例，後句以「合科（當、得）何罪」等表詢問（5）

W10（T17，5）、W55（T39，23）、W57（T40，24）、W80（T128，39）、W141（T336，85）。

例 1：W80（T128，39）問曰：假有使人乘驛馬枉道五里，經過反覆，往來便經十里，如此犯者，從何科斷？

例 2：W141（T336，85）又問：假有數人，同謀殺甲，夜中忽遽，乃誤殺乙，合得何罪？

#### 5.1.3.2　前句沒有使用程式化用語預設疑難案例，後句以訓釋程序語「合科（當、得）何罪」等詢問具體的處斷方法（26）

合科（當、得）何罪（24）：W48（T37，21）、W50（T37，21）、W78（T120，38）、W79（T120，38）、W83（T160，42）、W101（T260，56）、W102（T260，56）、W113（T284，64）、W115（T285，65）、W116（T286，66）、W119（T292，68）、W122（T295，70）、W136（T331，82）、W148（T346，90）、W154（T359，96）、W162（T375，102）、W164（T383，104）、W170（T460，110）、W171（T461，111）、W172（T465，112）、W173（T468，113）、W174（T471，114）、W177（T483，117）、W178（T487，118）。

何者為重（1）：W63（T45，27）。

合入何人（1）：W40（T33，18）。

例 1：W116（T286，66）問曰：監臨官司，本以他故毆擊部內之人，因而奪其財物，或竊取三十疋者，合得何罪？

例 2：W170（T460，110）問曰：衛士於宮城外守衛，或於京城諸司守

當，或被配於王府上番，如此之徒，而有逃亡者，合科何罪？

### 5.1.3.3 前句例舉幾種疑難情狀，後句以訓釋程序語「各有何罪」、「各合何罪」詢問幾種疑難情狀的處置（10）

W71（T65，32）、W81（T142，40）、W85（T169，43）、W88（T178，46）、W98（T257，54）、W114（T285，65）、W126（T305，74）、W129（T308，76）、W140（T336，85）、W161（T372，101）。

例1：W88（T178，46）問曰：或以妻為媵，或以媵為妻，或以妾作媵，或以媵作妾，各得何罪？

例2：W98（T257，54）問曰：父祖、子孫見被囚禁，而欲劫取，乃誤殺傷祖孫，或竊囚過失殺傷他人，各合何罪？

### 5.1.3.4 後句以表示處置意味的「若為科斷」、「若為科處」等以及表示數量的「幾年」、「幾等」來詢問處斷方法（13）

W25（T26、11）、W47（T37，21）、W49（T37，21）、W54（T38，22）、W61（T44，26）、W64（T45，27）、W11（T17，5）、W59（T40，24）、W91（T189，48）、W150（T351，92）、W168（T447，108）。

例1：W49（T37，21）又問：乙私有甲弩，乃首云止有稍一張，輕重不同，若為科處？

例2：W61（T44，26）問曰：有甲乙二人犯盜，準罪合流，甲元造意，乙是隨從，然乙事發逃亡，甲遂稱乙是首，官司斷甲為從，處徒三年，已役訖，然始獲乙，甲承是首，又甲是白丁，若為處分？

例3：W64（T45，27）問曰：有人枉法受一十五疋，七疋先發，已斷流訖，八疋後發，若為科斷？

例4：W91（T189，48）問曰：妻無子者，聽出。未知幾年無子，即合出之？

## 5.1.4 徵引律注＋疑難情狀＋詢問處斷辦法（22）

### 5.1.4.1 徵引律注後，用「若（假、其）有」、「若（其）」等表示假設關係的問式程式化訓釋語引出疑難案例，用「若為處分」、「合得（科）何罪」等表示詢問（12）

W9（T17，5）、W27（T27、12）、W33（T30，15）、W69（T63，31）、W70（T65，32）、W75（T80，35）、W76（T94，36）、W92（T190，49）、W96

（T249，53）、W103（T262，57）、W153（T357，95）、W176（T478，116）。

例 1：W153（T357，95）問曰：律云：「得實應賞，皆以告者為首，教令為從。」未知告得賞物，若為作首從分財？

例 2：W176（T478，116）問曰：律云：「拷滿不首，反拷告人。」其告人是應議、請、減人，既不合反拷，其事若為與奪？

### 5.1.4.2　徵引律注後，用程式化訓釋語「未知」引出疑難案例，用「若為處分」、「合得（科）何罪」等表示詢問（2）

W16（T18，6）、W90（T182，47）。

例 1：W16（T18，6）又問：加役流以下五流，犯者除名、配流如法。未知會赦及降，若為處分？

例 2：W90（T182，47）問曰：同姓為婚，各徒二年。未知同姓為妾，合得何罪？

### 5.1.4.3　徵引律注、預設疑難案例後，用「若為科斷」、「合科何罪」等表詢問的術語提問（7）

W36（T31，16）、W44（T34，19）、W60（T41，25）、W84（T160，42）、W89（T178，46）、W94（T243，51）、W160（T372，101）。

例 1：W84（T160，42）又問：部曲娶良人女為妻，夫死服滿之後，即合任情去住。其有欲去不放，或因壓留為妾及更抑配與部曲及奴，各合得何罪？

例 2：W89（T178，46）問曰：婢經放為良，聽為妾。若用為妻，復有何罪？

### 5.1.4.4　徵引律注、預設疑難案例後，未使用訓釋用語提問（1）

W117（T286，66）。

例：W117（T286，66）又問：名例云：「稱以盜論者，與真犯同。」此條「因而竊取，以竊盜論加一等」，既云「加一等」，即重於竊盜之法。監臨竊三十疋者絞，今答不死，理有未通？

## 5.1.5　非常見程序（18）

### 5.1.5.1　直接詢問法條或法律術語的含義（1）

W72（T73，33）。

例：W72（T73，33）問曰：何以知是御在所宮殿？

### 5.1.5.2 疑難情狀 1＋推定（詢問）處斷辦法＋疑難情狀 2＋詢問（推定）處斷辦法（5）

W18（T20，8）、W39（T33，18）、W135（T322，81）、W165（T385，105）、W166（T397，106）。

具體有幾種情況：

第一，有的程序首先預設司法實踐中某種疑難案例，推定處斷辦法，接著預設另一相關的疑難案例，並詢問處斷辦法（3）：W18（T20，8）、W39（T33，18）、W166（T397，106）。

例 1：W18（T20，8）問曰：親老疾合侍，今求選得官，將親之任，同「委親之官」以否？又，得官之後，親始老疾，不請解侍，復合何罪？

按：《名例律》卷第三總第二十條律文規定「免所居官」的犯罪內容，其中一項為「祖父母、父母老疾無侍，委親之官」。W18針對此項犯罪內容設問作答。問者以詢問語氣提出了相關的兩個問題，用「又」連接。第一問首先預設司法實踐中涉及此類犯罪的一種疑難情況，並推定處置辦法即「同『委親之官』」，請求答者予以確認。第二問同樣首先預設一個疑難案例，接著詢問具體應處什麼罪名，要求答者提供罪名及解釋，而不是像第一問那樣已推定了罪名。使用的訓釋用語有「同……（以）否」、「復合何罪」。

例 2：W39（T33，18）問曰：假有盜得他人財物，即將興易及出舉，別有息利，得同蓄息以否？其贓本是人、畜，展轉經歷數家，或有知情及不知者，如此蓄息，若為處分？

按：《名例律》卷第四總第 33 條是涉及對贓處置的三個專門律條的第二條，重點是規定在犯贓者依法處刑的前提下，贓物的歸屬及徵收的制度。此律條下共有四處問答。W39針對此條律注中的「生產蓄息」設問，詢問在盜竊別人財物經營獲利以及非法獲得的人、畜生養繁殖兩種情況下，如何處置衍生物。首先用「假有」句假設有人盜竊別人財物經營獲利，推定獲得的利潤的處置辦法，請求答者確認。接著詢問在知情與不知情兩種情況下，如何處置人、畜生養繁殖的「蓄息物」。訓釋程序語為「假有……，得同……以否」、「若為處分」。

第二，有的程序首先預設司法實踐中某種疑難案例，詢問處斷辦法，接著預設另一相關的疑難案例，並推定處斷辦法（1）：W135（T322，81）。

　　例：W135（T322，81）問曰：妾有子，或無子，毆殺夫家部曲、奴婢，合當何罪？或有客女及婢，主幸而生子息，自餘部曲、奴婢而毆，得同主期親以否？

　　按：《鬥訟律》卷第二十二總第 322 條規定主人毆殺部曲、妾毆殺夫家部曲、奴婢及其他複雜情況之處置辦法。此律條下共有一處問答。W135 圍繞律文規定先後預設了兩種複雜的犯罪情況，提出了兩個問題。首先詢問妾毆殺夫家部曲、奴婢應當如何定罪及處罰，接著詢問部曲、奴婢毆傷為主「幸」並生有子息的部曲之女及女奴，是否應按問者推定的「同（觸犯）主期親」罪處罰。使用的訓釋術語有「合當何罪」、「得同……以否」。

　　第三，有的程序先後預設兩例司法實踐中的疑難案例，並分別詢問處斷辦法（1）：W165（T385，105）。

　　例：W165（T385，105）問曰：詐陷人渡杇敗橋樑，溺之甚困，不傷不死，律條無文，合得何罪？又，人雖免難，溺陷畜產，又若為科？

　　按：《詐偽律》卷第二十五總第 385 條規定欺詐致人畜死亡的犯罪內容，此律條下共一處問答。W165 先後預設了兩個疑難案例，都要求答者予以指明罪名及處罰辦法。使用的術語有「合得何罪」、「若為科」。

### 5.1.5.3　徵引律注＋推定處斷辦法（3）

　　W4（T11，3）、W29（T28、13）、W41（T33，18）。

　　例 1：W29（T28、13）又問：注云：「造畜蠱毒，婦女應流者，配流如法。」未知此注唯屬婦人，唯復總及工、樂以否？

　　例 2：W41（T33，18）問曰：枉法會赦，正贓猶徵。未知此贓還官、還主？須定明例。

### 5.1.5.4　徵引律注＋詢問法律問題、法條（術語）含義（6）

　　W1（T5，1）、W2（T6，2）、W3（T6，2）、W24（T26、11）、W31（T30，15）、W74（T75，34）、W127（T306，75）。

　　詢問的問題包括這樣幾個方面：

　　第一，詢問刑名源流。

　　例：W1（T5，1）問曰：笞以上、死以下，皆有贖法。未知贖刑起自何代？

　　按：此處問答出現於《名例律》卷第一總第 5 條律文下，W1 並非僅針對此條律文設問作答，而是針對前 5 條律文共同涉及的一個問題提問並疏解。《名例律》卷第一 1 至 5 條律文是解釋五種刑罰制度的，這五種刑罰都可以用

贖銅來替代，所以第五條律文後特設問答式疏解，專門闡釋刑名之一「贖刑」的源起。使用「未知」作訓釋程序語提問。

第二，以陳述語氣表達對法條的疑問。

例：W2（T6，2）問曰：外祖父母及夫，據禮有等數不同，具為分析。

按：《名例律》卷第一總第 6 條律文列舉「十惡」罪名，並分列「十惡」的具體罪狀。屬「十惡」之一的「惡逆」是針對侵犯封建家庭倫理的刑事犯罪，其中涉及兩個專有名詞「外祖父母」及「夫」的法律含義，在一夫一妻多妾制度及繁複禮法中，這兩個詞的含義並非十分清晰，所以問者以陳述語氣用訓釋術語「具為分析」提出問題，要求答者予以解釋。

第三，詢問法律術語的異同。

例：W31（T30，15）問曰：上條「贖章」稱「犯流罪以下聽贖」，此條及官當條即言「收贖」。未知「聽」之與「收」有何差異？

按：《名例律》卷第四總第 30 條律文規定老、幼、病殘人犯罪減輕處罰的具體辦法。此律條下共有 5 處問答式疏解。W31 問式首先徵引兩處律文，「上條」並非指本條之前銜接的一條律文，而是指本條之前的某條律文，此處指《名例律》卷第二總第 11 條律文。「官當」條指的是《名例律》卷第三總第 22 條。要求比較其中涉及的兩個法律術語「聽贖」與「收贖」的差異。使用的程式化訓釋用語為「未知……有何差異」。

第四，詢問法律規定不明之處。

例：W127（T306，75）問曰：故殺人合斬，用刃鬥殺亦合斬刑，得罪既是不殊，準文更無異理。何須云「用兵刃殺者，與故殺同」？

按：《鬥訟律》卷第二十一總第 306 條律文懲治「鬥毆殺人」及「故殺傷人」的犯罪，意在規範區分犯罪主體的主觀心態的不同，並體現不同的刑罰辦法。W127 針對律條一處規定產生疑問，認為故意殺人當處斬刑，用兵刃殺人也處斬刑，既然刑罰相同，何必還要特意立法交代？此處對法律規定產生疑惑，要求予以解釋。

### 5.1.5.5　徵引律注＋疑難情狀 1＋詢問處斷辦法＋疑難情狀 2＋推定處斷辦法（1）

W43（T34，19）。

例：W43（T34，19）問曰：贓若見在犯處，可以將贓對平。如其先已費損，懸平若為准定？又有獲贓之所，與犯處不同，或遠或近，並合送平以否？

### 5.1.5.6 疑難情狀 1＋詢問處斷辦法＋疑難情狀 2＋推定處斷辦法 ＋疑難情狀 3＋詢問處斷辦法（1）

W147（T345，89）。

例：W147（T345，89）又問：嫡、繼、慈母，有所規求，故殺子孫，合得何罪？又，子孫得自理訴以否？此母或被出，或父卒後行，若為科斷？

## 5.2　答式訓詁程序

法典高度程式化的結構特點也體現在《唐律疏議》問答體疏證答式的行文中。答式訓詁程序常見類型出現五種，非常見類型有八種，訓釋程序語的使用較為穩定。

### 5.2.1　解析疑難情狀＋判語（90）

此程序首先解析疑難案例或情況，接著就罪名、刑罰等給出明確判語。解析的疑難案例及情況，有的為單一疑難情狀，有的為兩種及以上疑難情狀，有的為同一種疑難案例下的不同可能性情況。判語是就罪與非罪，以及罪名、刑罰（包括刑事制裁、民事制裁、行政制裁中的一種或多種）作出的認定，具有法律效力。判語的位置緊隨疑難案例的訓釋與解析，有的位於結尾，有的在訓釋過程中隨著對各種複雜、疑難情況的解析同時下判語。

#### 5.2.1.1　解析單一疑難情狀＋判語（61）

W3（T6，2）、W4（T11，3）、W5（T11，3）、W6（T16，4）、W10（T17，5）、W13（T18，6）、W14（T18，6）、W17（T19，7）、W19（T21，9）、W20（T21，9）、W21（T21，9）、W29（T28，13）、W32（T30，15）、W40（T33，18）、W41（T33，18）、W42（T33，18）、W45（T36，20）、W46（T36，20）、W49（T37，21）、W54（T38，22）、W55（T39，23）、W61（T44，26）、W64（T45，27）、W66（T46，28）、W67（T54，29）、W69（T63，31）、W70（T65，32）、W74（T75，34）、W76（T94，36）、W77（T112，37）、W79（T120，38）、W82（T145，41）、W83（T160，42）、W86（T175，44）、W87（T177，45）、W90（T182，47）、W91（T189，48）、W93（T205，50）、W99（T257，54）、W100（T259，55）、W101（T260，56）、W105（T262，57）、W109（T267，60）、W124（T299，72）、W127（T306，75）、W132（T315，78）、W134（T318，80）、W137（T333，83）、W138（T335，84）、W139（T336，85）、W140（T336，

85）、W141（T336，85）、W146（T345，89）、W148（T346，90）、W154（T359，96）、W156（T365，97）、W157（T366，98）、W159（T371，100）、W164（T383，104）、W170（T460，110）、W171（T461，111）。

因同組問式多為針對單一疑難案例或情況詢問，所以此類答式的訓釋程序也僅解析單一的案例；或有的問式雖詢問同一案例下兩種可能情況的處置辦法，但因可以合併解析與訓釋，所以答式給出同一解析。此類程序，別無旁枝，清楚明瞭。解析後就罪名、刑罰給出明確判語，即判語位於答式的最後。

例1：W5（T11，3）問曰：五流不得減贖。若會降，合減贖以否？

答曰：五流、除名、配流，會降至徒以下，有蔭、應贖之色，更無配役之文，即有聽贖者，有不聽贖者。止如加役流、反逆緣坐流、不孝流，此三流會降，並聽收贖。其子孫犯過失流，雖會降，亦不得贖。何者？文云，與期以上尊長犯過失殺傷應徒，不得減贖。此雖會降，猶是過失應徒，故不合贖。其有官者，自準除、免、當、贖之例。本法既不合例減，降後亦不得減科。其會赦猶流者，會降灼然不免。

按：《名例律》卷第一總第11條律文規定贖權的對象及範圍，此律條下共有兩處問答。W5（T11，3）中，問式針對本條律文整體所涉（即整條律文文意），提出「五流」罪犯在朝廷降罪的情況下能否減贖的問題。答式的訓釋具體詳盡，對不同情況的「五流」犯罪進行細緻分析，指出有允許贖與不允許贖兩種情況。允許贖的條件是加役流、反逆緣坐流、不孝流逢降罪，可以贖；不允許贖的情況列舉了三種：1.如子孫犯過失流，雖逢降罪，也不能贖，因為要遵循本條律文之具體規定。2.有官的犯過失流，也不准贖。3.屬會赦猶流的，亦不能免罪。既有補充解釋（「止如加役流、反逆緣坐流、不孝流，此三流會降，並聽收贖」），又有限制解釋（「其子孫犯過失流，雖會降，亦不得贖」），在訓釋的過程中針對不同情況隨時下判語。

例2：W29（T28，13）又問：注云：「造畜蠱毒，婦女應流者，配流如法。」未知此注唯屬婦人，唯復總及工、樂以否？

答曰：案賊盜律：「造畜蠱毒者，雖會赦，不免。同居不知情，亦流。」但是諸條犯流加杖、配徒之色，若有蠱毒，並須配遣，故於工、樂等留住下立例。注云：「造畜蠱毒應流者，配流如法。」斯乃工、樂以下總攝，不獨為婦人生文。

按：《名例律》卷第三總第28條律文是數條刑罰變異執行制度中的一

條，核心內容是關於官賤民和婦女犯流徒刑的變異執行。此律條下共有兩處問答。W29（T28，13）中，問式使用疑問語氣詢問，針對此條律文一處注文提問。值得注意的是，此處問式裏引用的注文，釋律者並沒有原文引用，而是添加「婦女」二字。因注前律文涉及婦女犯流罪問題，釋律者恐讀律人產生誤解，認為此處規定只針對婦女，故要求詳解。答式首先引用《賊盜律》卷第十八總第 262 條律條之相關規定，給問式裏的「造畜蠱毒」罪的處罰提供法律依據。接著進一步闡釋，問式裏涉及的注文會出現在此處，是因為犯流罪打杖配役的罪行及處罰亦涉及「造畜蠱毒」罪，然後明確指出，涉及此類犯罪，一定不能免除流放，這裡是典型的限制解釋。最後對問者的核心話題給出明確判語。

例 3：W140（T336，85）又問：以鬥僵仆，誤殺助己父母；或雖非僵仆，鬥誤殺期親尊長，各合何罪？

答曰：以鬥僵仆，誤殺父母，或期親尊長，若減罪輕於「過失」者，並從「過失」之法。

按：《鬥訟律》卷第二十三總第 336 條律條是對鬥毆殺傷罪基礎條款的補充，主要懲治鬥毆中發生的對各種非鬥毆對象的不同誤殺傷的犯罪。此律條下共三處問答。W140（T336，85）中，問式詢問鬥毆過程中因「僵撲」或非「僵撲」這類意外情況而導致誤傷幫助自己的父母或期親尊長的犯罪，應處何種罪名和刑罰。答式的訓釋簡潔、明確，運用類推比附指出「並從『過失』之法」，表明這兩種情況的處置方法相同。

### 5.2.1.2　解析疑難情狀 1 並下判語＋解析疑難情狀 2 並下判語（18）

W11（T17，5）、W24（T26，11）、W33（T30，15）、W39（T33，18）、W43（T34，19）、W44（T34，19）、W47（T37，21）、W56（T39，23）、W81（T142，40）、W96（T249，53）、W116（T286，66）、W135（T322，81）、W143（T337，86）、W161（T372，101）、W162（T375，102）、W166（T397，106）、W168（T447，108）、W177（T483，117）。

因問式為詢問兩種相關疑難案例或情況的罪名、刑罰，所以此類答式多為依次解析疑難案例或複雜情況，並在解析、訓釋完畢後分別下判語。

例 1：W39（T33，18）問曰：假有盜得他人財物，即將興易及出舉，別有息利，得同蓄息以否？其贓本是人、畜，展轉經歷數家，或有知情及不知者，如此蓄息，若為處分？

答曰：律注云：「生產蕃息」，本據應產之類而有蕃息。若是興生、出舉而得利潤，皆用後人之功，本無財主之力，既非孳生之物，不同蕃息之限，所得利物，合入後人。其有展轉而得，知情者，蕃息物並還前主；不知情者，亦入後人。

按：《名例律》卷第四總第 33 條是涉及對贓處置的三個專門律條的第二條，主要規定在犯贓者依法處刑的前提下，贓物的歸屬及徵收制度。此律條下共有四處問答。W39（T33，18）中，問式針對此條律注中的「生產蕃息」設問，詢問在盜竊別人財物經營獲利以及非法獲得的人、畜生養繁殖兩種情況下，如何處置衍生物。問式詢問兩個問題，首先假設有人盜竊別人財物經營獲利，詢問獲得的利潤如何處置；接著詢問在知情與不知情兩種情況下，如何處置人、畜生養繁殖的「蕃息物」。答式依次解析與訓釋這兩個問題，並在訓釋之後隨文給出明確判語。

例 2：W47（T37，21）問曰：謀殺凡人，乃云是舅；或謀殺親舅，復云凡人，姓名是同，舅與凡人狀別。如此之類，若為科斷？

答曰：謀殺凡人是輕，謀殺舅罪乃重，重罪既得首免，輕罪不可仍加。所首姓名既同，唯止舅與凡人有異，謀殺之罪首盡，舅與凡人狀虛，坐是「不應得為從輕」，合笞四十。其謀殺親舅，乃云凡人者，但謀殺凡人，唯極徒坐；謀殺親舅，罪乃至流。謀殺雖已首陳，須科「不盡」之罪。三流之坐，準徒四年，謀殺凡人合徒三年，不言是舅，首陳不盡，處徒一年。

按：《名例律》卷第五總第 37 條律條是有關「自首」系列條文的第一條，主要圍繞自首的基本概念規定與此有關的制度。此律條下共有四處問答。W47（T37，21）中，問式要求解析兩類司法實踐中相關的疑難案例，即謀殺凡人卻自首交代謀殺的是舅，或者謀殺的是舅，卻自首交代是沒有親緣關係的凡人，詢問這類的案例應該如何處置。

答式首先訓釋第一個疑難案例，指出謀殺凡人為輕罪，應處「不應得為從輕」罪名，刑罰為「合笞四十」。接著訓釋第二個疑難案例，指出「謀殺親舅，乃云凡人者」為較重的罪行，罪名為「不盡」，刑罰為「三流之坐，準徒四年」。此類程序依次訓釋，條理清晰，一目了然。

### 5.2.1.3　解析三種以上疑難情狀並分別下判語（3）

W9（T17，5）、W71（T65，32）、W88（T178，46）。

例 1：W71（T65，32）問曰：誤遺弩弓無箭，或遺箭無弩，或有楯而無

矛，各得何罪？

答曰：「弓箭相須，乃坐。」弩箭無弓，與常箭不別。有弩弓無箭，亦非兵仗之限。楯則獨得無用，亦與有弓無箭義同。

按：《衛禁律》卷第七總第 65 條律文主要規定於宮殿內作罷不出及在戒嚴關仗區犯罪的懲治辦法。此律條下共兩處問答。W71（T65，32）中問式詢問「誤遺弩弓無箭」、「遺箭無弩」、「有楯而無矛」這三種無意中遺失軍用武器的疑難情況的處置辦法。答式程序簡明清晰，首先使用引證法引用本律條之注「弓箭相須，乃坐」，指出第一種與第二種疑難情況不需懲處，接著運用類推比附的方法，指出第三種情況同於第一、二種，均不需處罰。

例 2：W88（T178，46）問曰：或以妻為媵，或以媵為妻，或以妾作媵，或以媵作妾，各得何罪？

答曰：據鬥訟律：「媵犯妻，減妾一等。妾犯媵，加凡人一等。餘條媵無文者，與妾同。」即是夫犯媵，皆同犯妾。所問既非妻妾與媵相犯，便無加減之條。夫犯媵，例依犯妾，即以妻為媵，罪同以妻為妾。若以媵為妻，亦同以妾為妻。其以媵為妾，律、令無文，宜依「不應為重」，合杖八十。以妾為媵，令既有制，律無罪名，止科「違令」之罪。即因其改換，以告身與回換之人者，自從「假與人官」法。若以妾詐為媵而冒承媵姓名，始得告身者，依詐偽律：「詐增加功狀，以求得官者，合徒一年。」

按：《戶婚律》卷第十三總第 178 條懲治混亂妻、媵、妾身份的犯罪，立法目的是維護封建婚姻家庭中妻、媵、妾的地位秩序。此律條下共有兩處問答。W88（T178，46）中，問式詢問四種相關犯罪即「以妻為媵」、「以媵為妻」、「以妾作媵」、「以媵作妾」的具體處罰辦法。答式首先引用《鬥訟律》卷第二十二總第 326 條之相關規定進行類推比附，目的是為「夫犯媵」尋找刑罰處置的法律依據。接著又引用《雜律》卷第二十七總第 449 條、《詐偽律》卷第十五總第 370 條律條的相關規定，通過引證和類推比附，分別訓釋並指明問式提出的四種犯罪的罪名和處罰辦法。

### 5.2.1.4　解析同一疑難情狀的兩種以上可能性情況並分別下判語（8）

W8（T17，5）、W65（T45，27）、W78（T120，38）、W85（T169、43）、W92（T190，49）、W112（T281，63）、W113（T284，64）。

與此前程序訓釋相關疑難案例不同，這類程序針對同一案例中可能出現

的不同情況進行訓釋、解析，並給出明確判語。

例1：W8（T17，5）問曰：敕、制施行而違者，有公坐以否？

答曰：譬如制、敕施行，不曉敕意而違者，為失旨；雖違敕意，情不涉私，亦皆為公坐。

按：《名例律》卷第二總第17條律文規定「官當」制度的具體實施辦法。此律條下共有四處問答。W8（T17，5）中，問式針對前段律文中出現的法律術語「公坐」，詢問在制、敕執行中違背敕意而犯錯的情況，是否屬於「公坐」（公罪）。答式舉例進行訓釋，指明在兩類情況下——「不曉敕意」及「情不涉私」，屬「公坐」，因此在官當時應與「私罪」區分開來。此程序針對同一案例「敕、制施行而違」作答，指出不同情況的不同處置辦法。

例2：W113（T284，64）問曰：有人持仗燒人捨宅，因即盜取其財，或燒傷物主，合得何罪？

答曰：依雜律：「故燒人舍屋，徒三年。不限強之與竊。」然則持仗燒人捨宅，止徒三年。因即盜取財物，便是元非盜意，雖復持仗而行事，同「先強後盜」，計贓以強盜科罪。火若傷人者，同強盜傷人法。

按：《賊盜律》卷第十九總第284條律條懲治故意燒人屋舍，又乘機盜竊財物的犯罪，旨在對這種以放火為手段而行竊的犯罪從嚴處罰。此律條下共有一處問答。W113（T284，64）中，問式詢問在持兇器燒人房屋舍宅的情況下，如果乘機盜竊，或者不僅盜竊同時因放火行為而燒傷物主，這兩種情況的處置辦法。答式首先訓釋第一種情況，指出縱火又盜竊財物，屬「強盜罪」，計總贓處罰，接著訓釋第二種情況，即縱火竊財導致物主燒傷，屬「強盜傷人罪」。

### 5.2.2 解析疑難情狀並下判語＋補充解析（34）

此類程序首先解析、訓釋單一或兩種及以上的疑難案例或複雜情況，並就罪名、刑罰給出明確判語，接著進行擴充解釋或限制解釋，或者補充相關的疑難案例或複雜情況的處置方法等。

#### 5.2.2.1 解析單一疑難情狀並下判語＋補充解析（30）

W7（T16，4）、W12（T18，6）、W23（T26，11）、W25（T26，11）、W27（T27，12）、W28（T28，13）、W30（T29，14）、W50（T37，21）、W52（T38，22）、W53（T38，22）、W57（T40，24）、W59（T40，24）、W63（T45，27）、

W72（T73，33）、W94（T243，51）、W97（T249，53））、W118（T288，67）、W119（T292，68）、W122（T295，70）、W133（T316，79）、W136（T331，82）、W145（T344，88）、W151（T352，93）、W152（T354，94）、W153（T357，95）、W158（T369，99）、W163（T376，103）、W172（T465，112）、W173（T468，113）、W175（T474，115）。

　　例 1：W7（T16，4）問曰：依令：「內外官敕令攝他司事者，皆為檢校。若比司，即為攝判。」未審此等犯公坐，去官免罪以否？

　　答曰：律云「在官犯罪，去官事發；或事發去官：犯公罪流以下各勿論」，但檢校、攝判之處，即是監臨，若有愆違，罪無減降。其有敕符差遣及比司攝判，攝時既同正職，停攝理是去官，公坐流罪亦從免法。若事關宿衛，情狀重者，錄奏聽敕。其寺丞、縣尉之類，本非別司而權判者，不同去官之例。諸司依令當直之官，既非攝判之色，不在去官之限。

　　按：《名例律》卷第二總第 16 條律文，規定官吏在觸犯某些刑律之後依然能以特權者的身份依法享有某些優惠特權。此律條下共有兩處問答式疏解。W7（T16，4）中，問式針對《公式令》裏涉及到的「檢校」、「攝判」，提出這類官吏犯罪，撤去監理官職後是否可以免予處刑，詢問的是處罰辦法。答式首先引用本條律文的前段作為釋律的依據，指明此種情況犯罪刑罰不能減降。接著列舉另外四種相關情況：「其有敕符差遣及比司攝判，攝時既同正職，停攝理是去官，公坐流罪亦從免法」；「若事關宿衛，情狀重者，錄奏聽敕」；「其寺丞、縣尉之類，本非別司而權判者，不同去官之例」；「諸司依令當直之官，既非攝判之色，不在去官之限」，補充訓釋此類犯罪應區別對待，有些情況可免予刑事處罰，有些情況不可免。此類答式之補充解析補充的是相關的疑難情狀。

　　例 2：W12（T18，6）問曰：帶官應合緣坐，其身先亡，子孫後犯反、逆，亦合除名以否？

　　答曰：緣坐之法，惟據生存。出養入道，尚不緣坐，無宜先死，到遣除名。理務弘通，告身不合追毀。告身雖不合追毀，亦不得以為蔭。

　　按：《名例律》卷第二總第 18 條律文，規定必須附加除名（免去官職）的三類犯罪，是為遏制犯罪後官職不免行為而做出的限制性規定。此律條下共五處問答。W12（T18，6）中，問式詢問有官品依法應緣坐的人死亡後，子孫犯反逆罪，其死亡的父祖是否應除名，詢問的是處罰辦法。答式首先解析問題，

指出「緣坐」之法，只適用活著的人，所以死亡的父祖不受緣坐，官憑也不追繳注銷，但要除名。最後釋律者做出限制性解釋：「告身雖不合追毀，亦不得以為蔭」，即官憑雖不追繳注銷，但不能再庇蔭子孫。此程序補充的是所訓釋問題的限制性規定。

例 3：W50（T37，21）又問：假有監臨之官，受財不枉法，贓滿三十疋，罪合加役流。其人首云「受所監臨」，其贓並盡，合科何罪？

答曰：律云：「以不實不盡之罪罪之，至死聽減一等。」但「不枉法」與「受所監臨」，得罪雖別，贓已首盡，無財可科，唯有因事、不因事有殊，止從「不應為重」，科杖八十。若枉法取物，首言「受所監臨」，贓亦首盡，無財可坐，所枉之罪未首，宜從所枉科之：若枉出入徒、流，自從「故出入徒、流」為罪；如枉出入百杖以下，所枉輕者，從「請求施行」為坐。本以因贓入罪，贓既首訖，不可仍用「至死減一等」之法。

按：《名例律》卷第五總第 37 條律條，是有關「自首」系列條文的第一條，主要是圍繞自首行為規定與此有關的制度。此律文下共有四處問答。W50（T37，21）中，問式針對一種犯罪行為（監臨之官受財不枉法），詢問具體罪名及處罰措施。答式既訓釋問者提出的問題並指出罪名及處罰辦法（從「不應為重」，科杖八十），又補充解析問者沒有提出但與問式相關的問題（監臨之官受財枉法），分兩個層次進行解析。值得注意的是，答式開端即引用本條律文之相關規定，但引用此律文，並不是為下邊的判語提供依據，而是圍繞律文分析複雜的司法實踐中的疑難案例，指出不能照此規定一概而論。第一個層次首先引用本條律文之相關規定，接著對兩類犯罪狀況及應屬罪名進行分析並下判語，指出此類犯罪應如何處置。第二個層次是補充分析相關的犯罪情狀，說明所屬罪名及處罰辦法。

### 5.2.2.2 解析多種疑難情狀並分別下判語＋補充解析（4）

W16（T18，6）、W37（T32，17）、W129（T308，76）、W169（T453，109）。

例 1：W37（T32，17）問曰：私鑄錢事發，所獲作具及錢、銅，或違法殺馬牛等肉，如此之類，律、令無文，未知合沒官以否？

答曰：其肉及錢，私家合有，準如律、令，不合沒官。作具及錢，不得仍用，毀訖付主，罪依法科。其鑄錢見有別格，從格斷。餘條有別格見行破律者，並准此。

按：《名例律》卷第四總第 32 條律文是關於對贓處置的專門條文之一。

此律條下共兩處問答。W37（T32，17）中，問式提出的問題裏涉及的兩類犯罪，此律條及律注雖沒有明確提及，但與律條及律注涉及的處罰辦法「沒官」相關，所以問者詢問兩類犯罪中的物品是否屬沒官的範疇，即詢問處罰辦法。

答式首先訓釋問者提出的第二個疑難問題並給出明確判語，接著訓釋第一個疑難問題，之所以沒有按照問式的提問順序解析，理應為問題 1 涉及的內容較為複雜，因此解析與判斷就複雜一些，文字也繁複一些，所以放在後邊。在對問題 1 進行解析與判斷後，釋律者又補充說明關於私鑄錢的處罰現有另外的格條規定，應依格條處斷。釋律者最後運用類推法指出，「餘條有別格見行破律者，並准此」，表明立法原則，即不僅本條如此處置，其餘各條遇此情況，都依此辦理。此答式補充的是立法原則。

例 2：W169（T453，109）問曰：親戚共外人和姦，若捕送官司，即於親有罪。律許捕格，未知捕者得告親罪以否？

答曰：若男女俱是本親，合相容隱，既兩俱有罪，不合捕格、告言。若所親共他人姦，他人即合有罪，於親雖合容隱，非是故相告言，因捕罪人，事相連及，其於捕者，不合有罪。和姦之人，兩依律斷。

按：《捕亡律》卷第二十八總第 453 條律條規定捕告制度，指明可作補繫及不得擅加補繫之犯罪的範圍。此律條下共一處問答。W169（T453，109）中，問式詢問如親屬與外人通姦，對此類犯罪行為告發是否獲罪。答式根據犯罪主體與告發者的關係分別進行解析，指出不同的情況應區別處置：若男女雙方與告發者都存在親屬關係，則不應告發與補繫，如告發，則告發者獲罪；若只有一方與告發者存在親屬關係，則可以告發非親屬關係的一方，雖親屬也將連帶被補繫，但告發者無罪。解析是否應告發的兩種情況後，答式又補充說明對涉案男女的處置：「和姦之人，兩依律斷」。

## 5.2.3 立法原則＋解析疑難情狀並下判語（31）

任何法律的制定都以一定的法律思想、立法原則為指導，法律思想、立法原則也會在法典的內容中或直接或間接地反映出來。王立民（2007）提出，唐律中的法律思想主要體現在六個方面：以禮為本的思想；禮法並用的思想；法律內容需統一、穩定、簡約的思想；嚴格治吏的思想；依法斷獄的思想；慎重行刑的思想。

　　在法律思想指導下的立法原則，是法律思想在立法實踐中的具體體現。

　　唐律的法律思想、立法原則在律文與「疏議」中表述非常清晰、明瞭，部分問答體疏證的答式首先闡明法律思想或立法原則，接著解析疑難案例並給出明確判語。涉及的疑難案例，有的為單一疑難情狀，有的為兩種或以上疑難情狀，有的為疑難情狀的不同情況。

### 5.2.3.1　立法原則＋解析單一疑難情狀並下判語（19）

　　W34（T30，15）、W48（T37，21）、W51（T38，22）、W58（T40，24）、W60（T41，25）、W62（T44，26）、W68（T55，30）、W73（T75，34）、W80（T128，39）、W95（T248，52）、W103（T262，57）、W104（T262，57）、W106（T262，57）、W110（T269，61）、W115（T285，65）、W117（T286，66）、W120（T294，69）、W126（T305，74）、W130（T310，77）。

　　例 1：W34（T30，15）又問：八十以上、十歲以下，盜及傷人亦收贖，注云「有官爵者，各從除、免、當、贖法」。未知本罪至死，仍得以官當贖以否？

　　答曰：條有「收贖」之文，注設「除、免」之法，止為矜其老疾，非謂故輕其罪。但雜犯死罪，例不當贖，雖有官爵，並合除名。既死無比徒之文，官有當徒之例，明其除、免、當法，止據流罪以下。若欲以官折死，便是律外生文，自須依法除名，死依贖例。

　　按：《名例律》卷第四總第 30 條律條規定老、幼、病殘人犯罪減輕處罰的具體辦法。此律條下共有 5 處問答式疏解。W34（T30，15）中，問式詢問有官爵者犯死罪，是否適用贖刑。答式首先闡明相關的立法原則，即「條有『收贖』之文，注設『除、免』之法，止為矜其老疾，非謂故輕其罪」，指出律條有收贖之規定，注文又設立了除名、免官之法例，這僅為憐憫老、病之人，不是故意減輕其罪責。唐代立法者認為老、小、廢、疾、孕婦這些特殊罪犯，刑罰不可同於普通罪犯，體現了「慎重行刑」的法律思想。《唐律疏議・名例》「老小及疾有犯」條「疏議」明確指出，法律也應有「矜老小廢疾」和「愛幼養老之義」。唐律的具體法條也確實反映了這一思想，王立民（2007）指出，唐律慎重行刑法律思想在對待老、小、廢、疾和孕婦犯罪時，主要體現為具體的三個方面：第一，適用減、免、贖原則。唐律根據老、小、廢、疾的不同情況，分別採用了減、免、贖的方法進行處理。《唐律疏議・名例》「老小及有犯」條規定：「諸年七十以上、十五以下及廢疾，犯流

罪以下，收贖。八十以上、十歲以下及篤疾，犯反、逆、殺人應死者，上請；盜及傷人者，亦收贖。餘皆勿論。」第二，適用從輕原則。唐律還對老、小、廢、疾罪犯適用從輕原則。《唐律疏議・名例》「犯時未老疾」條規定：「諸犯罪時雖未老、疾，而事發時老、疾者，依老、疾論。若在徒年限內老、疾，亦如此。犯罪時幼小，事發時長大，依幼小論。」即是按輕條用刑。此條「疏議」還作了具體的說明：「假有六十九以下犯罪，年七十事發，或無疾時犯罪，廢疾後事發，並依上解『收贖』之法；七十九以下犯反逆、殺人應死，八十事發，或廢疾時犯罪，篤疾時事發，得入『上請』之條；八十九犯死罪，九十事發，併入『勿論』之色。」「假有七歲犯死罪，八歲事發，死罪不論；十歲殺人，十一事發，仍得上請；十五時偷盜，十六事發，仍以贖論。」第三，唐律對懷孕婦女犯罪的處罰適用特殊的延緩用刑原則。

此答式通過訓釋，明確指出法律之所以如此規定之緣由，將立法原則明示於眾。答式開端闡明立法原則後，接著解析疑難案例，分析除名、免官、官當之法，只能適用流刑以下之情況，若犯死罪必須依法官爵除盡，死罪依照贖法用贖。答式的訓釋程序為：立法原則＋解析單一疑難情狀並下判語。

例 2：W80（T128，39）問曰：假有使人乘驛馬枉道五里，經過反覆，往來便經十里，如此犯者，從何科斷？

答曰：律云「枉道」，本慮馬勞，又恐行遲，於事稽廢。既有往來之理，亦計十里科論。

按：《職制律》卷第十總第 128 條是關於驛傳犯罪七個專條中的第六條，懲治役使傳遞公文於道路行進中發生的犯罪，旨在保障役使及時準確地投送公文。此律條下共一處問答。問式詢問如有役使乘驛馬枉道五里，往來即為十里，此類犯罪應如何斷罪。答式首先闡明本條法律的立法原則：「律云『枉道』，本慮馬勞，又恐行遲，於事稽廢」，指出之所以對役使「枉道」專門立法，是基於兩點考慮，一是防止驛馬過度勞累受傷，二是擔憂行程遲緩、有誤公事。

答式指明立法原則後，接著簡短分析案例並下明確斷語，指出應按往返十里計算刑罰。答式的訓釋程序為：立法原則＋解析單一疑難情狀並下判語。

### 5.2.3.2　立法原則＋解析多種疑難情狀並分別下判語（12）

W15（T18，6）、W26（T27，12）、W36（T31，16）、W38（T32，17）、W107（T263，58）、W108（T264，59）、W111（T277，62）、W121（T294，

69）、W131（T315，78）、W142（T337，86）、W147（T345，89）、W150（T351，92）。

例 1：W15（T18，6）問曰：文云：「十惡、故殺人、反逆緣坐，會赦猶除名。雜犯死罪等，會降從當贖法。」若有別蒙赦放及會慮減罪，得同赦、降以否？

答曰：若使普覃惠澤，非涉殊私，雨露平分，自依恒典。如有特奉鴻恩，總蒙原放，非常之斷，人主專之，爵命並合如初，不同赦、降之限。其有會慮減罪，計與會降不殊，當免之科，須同降法；慮若全免，還從特放之例。

按：《名例律》卷第一總第 18 條律條規定官吏犯罪的附加行政處罰之一「除名」（官職、爵位全部削除）的內容。此律條下共 5 處問答式疏解。W15（T18，6）中，問式詢問官吏犯罪如蒙皇命釋放及逢「錄囚」減罪，是否能與「遇赦」、「遇降」一樣對待。答式首先明確昭示立法原則：「若使普覃惠澤，非涉殊私，雨露平分，自依恒典。如有特奉鴻恩，總蒙原放，非常之斷，人主專之，爵命並合如初，不同赦、降之限」，指出如蒙皇帝特大恩典，所有犯人都免罪釋放，這種非常之權力屬皇帝專有。此條立法原則即君權大於法律，帝王的權力永遠凌駕於法律之上。

答式開端闡明立法原則後，接著分析司法實踐中兩種疑難情況「蒙皇命釋放」及「逢『錄囚』減罪」，並分別給出明確判語。程序為：立法原則＋解析多種疑難情狀並分別下判語。

例 2：W121（T294，69）又問：名例律云：「家人共犯，止坐尊長。」未知此文「和同相賣」，亦同家人共犯以否？

答曰：依例：「本條別有制，與例不同，依本條。」依文賣期親卑幼及兄弟、子孫、外孫之婦，賣子孫及己妾、子孫之妾，各有正條，被賣之人不合加罪，為其卑幼合受處分故也。其賣余親，各從凡人和略法；既同凡人為法，不合止坐家長。

按：《賊盜律》卷第二十總第 294 條律條懲治「略賣」、「和同賣」期親以下卑幼及其餘親屬為奴婢的犯罪，意在通過立法防止利用尊長地位略賣親屬為奴婢的犯罪行為。此律條下共兩處問答式疏解。W121（T294，69）中，問式詢問律條中規定「和同相賣」家人，是否與家人共犯同樣處置。答式首先闡明立法原則：「依例：『本條別有制，與例不同，依本條』」，指出按《名例》要求，如本條法律有特別規定，與《名例》內容不同的，須依本條規定

處置。即如總則與分則規定有所不同，那麼司法實踐中應按具體的分則處理。

　　答式開端明確立法原則後，接著分析「賣卑幼」及其他親屬這兩種疑難案例的具體處置辦法。答式程序為：立法原則＋解析多種疑難情狀並分別下判語。

### 5.2.4　總判語＋解析疑難情狀並下判語（7）

#### 5.2.4.1　總判語＋解析單一疑難情狀並下判語（2）

W35（T30，15）、W123（T297，71）。

　　例：W35（T30，15）問曰：悼耄者被人教令，唯坐教令之者。未知所教令罪，亦有色目以否？

　　答曰：但是教令作罪，皆以所犯之罪，坐所教令。或教七歲小兒毆打父母，或教九十耄者斫殺子孫，所教令者，各同自毆打及殺凡人之罪，不得以犯親之罪加於凡人。

　　按：《名例律》卷第四總第 30 條律條規定老、幼、病殘人犯罪減輕處罰的具體辦法。此律條下共有 5 處問答式疏解。W35（T30，15）中，問式詢問教唆七歲小兒或九十老者犯罪，教唆者的罪名應屬何種類型。答式首先對此類犯罪應處何種罪名給出明確判語：「但是教令作罪，皆以所犯之罪，坐所教令」，指出教唆別人犯罪，要依所犯之罪處罰教唆之人。接著通過假設式舉例進行具體訓釋，並就所屬罪名給出明確判語：如教唆七歲小兒毆打父母，或者教唆九十歲老者砍殺子孫，教唆者各自處以如同自己毆打及殺一般人罪之刑罰。答式程序為：總判語＋解析單一疑難情狀並下判語。

#### 5.2.4.2　總判語＋解析多種疑難情狀並分別下判語（5）

W18（T20，8）、W75（T80，35）、W84（T160，42）、W114（T285，65）、W165（T385，105）。

　　例 1：W75（T80，35）問曰：宿衛人以非應宿衛人冒名自代及代之者，入宮內，流三千里；殿內，絞。若未入宮、殿內事發，合得何罪？

　　答曰：以非應宿衛人自代，重於「闌入」之罪。若未至職掌之處，事發在宮、殿內，止依「闌入宮殿」而科。如未入宮門事發，律無正條，宜依「不應為重」，杖八十。其在宮外諸處冒代，未至職掌處，從「不應為輕」，笞四十。

　　按：《衛禁律》卷第八總第 80 條律條，主要懲治守衛人冒名相代之犯罪，包括守衛人冒名自代及代之，宿衛人以非應宿衛者相代於宮殿外。此律條下

共有一處問答。問式中，問者首先徵引《衛禁律》卷第七總第 62 條律條之規定，詢問與此處律文相關但未做出明確規定的犯罪情狀「若未入宮、殿內事發」，應如何處置。

答式首先給此種犯罪定性：「重於『闌入』之罪」，這相當於此類犯罪的總判語。接著詳細訓釋在「以非應宿衛人自代」前提下，三種不同犯罪情狀的罪名及處罰辦法：「未至職掌之處，事發在宮、殿內」、「未入宮門事發」、「在宮外諸處冒代，未至職掌處」，分別「依『闌入宮殿』而科」、「依『不應為重』，杖八十」、「從『不應為輕』，笞四十」。答式程序為：總判語＋解析多種疑難情狀並分別下判語。

例 2：W114（T285，65）問曰：恐喝取財五疋，首不行，又不受分；傳言者二人，一人受財，一人不受財，各合何罪？

答曰：律稱準盜，須依盜法。案下條「共盜者並贓論，造意及從行而不受分，即受分而不行，各依本首從法：若造意不行，又不受分，即以行人專進止者為首，造意為從，至死減一等；從者不行，又不受分，笞四十。」其首不行，又不受分，即以傳言取物者為首，五疋合徒一年半；造意者為從，合徒一年；又一人不受分，亦合為從，笞五十。

按：《賊盜律》卷第十九總第 285 條律條懲治通過恐嚇敲詐財物的犯罪，旨在監督對有罪錯人的依法處置。此律條下共有兩處問答。W114（T285，65）中，問式詢問一樁通過恐嚇取人財物的犯罪行為，三個犯罪嫌疑人的具體處置辦法。答式首先給出總的判語，即就罪名歸屬作出判定：「律稱準盜，須依盜法」，指出應按盜竊罪論處。接著訓釋具體情狀，根據不同罪犯的犯罪情節區分首犯與從犯，並就具體刑罰作出明確判定。答式程序為：總判語＋解析多種疑難情狀並分別下判語。

## 5.2.5　解析律注＋解析疑難情狀並下判語（5）

W98（T257，54）、W125（T302，73）、W155（T365，97）、W160（T372，101）、W176（T478，116）。

此類答式中，首先引用律注並解析律意，接著解析疑難案例，並給出明確判語。引證的律注與需要解析的疑難案例相關，是其適用的法律，但由於律注簡約，因此首先解析律注與案例的關聯，為判斷案例提供法律依據。

例：W125（T302，73）問曰：毆人者，謂以手足擊人。其有撮挽頭髮，或擒其衣領，亦同毆擊以否？

答曰：條云，鬥毆謂以手足擊人，明是雖未損傷，下手即便獲罪。至如挽鬢撮髮，擒領扼喉，既是傷殺於人，狀則不輕於毆，例同毆法，理用無惑。

按：《鬥訟律》卷第二十一總第 302 條律文懲治鬥毆及鬥毆致人輕傷之犯罪，是鬥毆罪五個基本條文的第一條。此律條下共有一處問答。W125（T302，73）中，問式詢問律條未作明確規定的兩種爭鬥行為「撮挽頭髮」與「擒其衣領」，是否應歸屬於鬥毆罪。答式首先徵引本條法律規定「鬥毆謂以手足擊人」，接著予以解釋：「明是雖未損傷，下手即便獲罪」，指出即使沒有傷人，只要動手就有罪，以此類推，問式詢問的兩種爭鬥行為的處置辦法為「例同毆法」。答式的訓釋程序為首先引用律注並解析律意，接著解析疑難案例，最後給出明確判語。

## 5.2.6　非常見程序（11）

### 5.2.6.1　探源流、明演變並作解答（1）

W1（T5，1）。

例：W1（T5，1）問曰：笞以上、死以下，皆有贖法。未知贖刑起自何代？

答曰：《書》云：「金作贖刑。」注云：「誤而入罪，出金以贖之。」甫侯訓夏贖刑云：「墨罰疑赦，其罰百鍰；劓辟疑赦，其罰千鍰。」注云：「六兩曰鍰。鍰，黃鐵也。」晉律：「應八議以上，皆留官收贖，勿髡、鉗、笞也。」今古贖刑，輕重異制，品目區別，備有章程，不假勝條，無煩縷說。

按：《名例律》卷第一總第 5 條律條規定刑罰中最嚴厲的死刑之等次、使用目的、歷史淵源等，此律條下共有一處問答式疏證。W1（T5，1）雖然出現在此律條之下，但並非僅僅解釋第 5 條律文，而是針對前五條律文共同涉及的一個問題進行詮釋。《名例律》卷第一之 1 至 5 條律文疏解五種刑罰制度的內容、等次，這五種刑罰都可以用贖銅來替代，所以第五條律文後特設問答式疏證，專門訓釋贖刑制度的源起。

問式用「未知……」提出問題，答式首先引用傳統經書《尚書》中的兩段話以及漢代孔安國之《傳注》，說明贖刑名稱的由來，接著引用夏朝和晉朝的法律規定，說明贖刑的起始年代和演變過程，指出繳納黃銅贖罪之法古已有之，早在夏朝就開始實行了，但此種刑罰的適用範圍和實施情況，古今是有變化的，如夏朝與晉朝就不相同。答式的疏解既考名實、探起源，又考演變、考年代，是典型的章句訓詁的方法。

### 5.2.6.2　解析術語1＋解析術語2（1）

W2（T6，2）。

例：W2（T6，2）問曰：外祖父母及夫，據禮有等數不同，具為分析。

答曰：「外祖父母」，但生母身，有服，無服，並同外祖父母，所以如此者，律云「不以尊壓及出降」故也，若不生母身者，有服同外祖父母，無服同凡人。依禮，嫡子為父後及不為父後者，並不為出母之黨服，即為繼母之黨服，此兩黨俱是外祖父母；若親母死於室，為親母之黨服，不為繼母之黨服，此繼母之黨無服，即同凡人。又，妾子為父後及不為父後者，嫡母存，為其黨服，嫡母亡，不為其黨服。禮云：「所從亡，則已。」此既從嫡母而服，故嫡母亡，其黨則已。「夫」者，依禮，有三月廟見，有未廟見，或就婚等三種之夫，並同夫法。其有剋吉日及訂婚夫等，唯不得違約改嫁，自餘相犯，並同凡人。

按：《名例律》卷第一總第6條律文列舉「十惡」即十項犯罪的罪名，並分列「十惡」的具體罪狀，此律條下共有兩處問答式疏證。屬「十惡」之一的「惡逆」是針對侵犯封建家庭倫理的刑事犯罪，其中涉及到了兩個專有名詞「外祖父母」及「夫」，在一夫一妻多妾制度及繁複禮法中，這兩個詞的含義並非十分清晰，所以疏文特設問答式疏證予以解釋。W2（T6，2）中問式用「具為分析」提出問題，答式詳細解析「外祖父母」和「夫」兩個術語在法律語境下的具體範疇。釋義時運用引證法，引用《禮記·喪服小記》以及《名例律》卷第六總第52條的律文規定。

### 5.2.6.3　解析術語1＋解析術語2＋結論（1）

W31（T30，15）。

例：W31（T30，15）問曰：上條「贖章」稱「犯流罪以下聽贖」，此條及官當條即言「收贖」。未知「聽」之與「收」有何差異？

答曰：上條犯十惡等，有不聽贖處，復有得贖之處，故云「聽贖」。其當徒，官少不盡其罪，餘罪「收贖」，及矜老小廢疾，雖犯十惡，皆許「收贖」。此是隨文設語，更無別例。

按：《名例律》卷第四總第30條規定老、幼、病殘人犯罪減輕處罰的具體辦法。此律條下共有5處問答式疏解。W31（T30，15）中，問式提出有兩個相似的術語出現在不同的律條中，要求比較這兩個法律術語「聽贖」與「收贖」的差異。「上條」並非指本條之前銜接的一條律文，而是指本條之前的某條律文，此處指《名例律》卷第二總第11條律文。「官當」條指的是名例律卷第三

總第 22 條。答者依次解析兩個術語的法律內涵及與其相關的律條，最後給出明確結論。

### 5.2.6.4　解析法律術語＋解析疑難情狀並下判語（1）

W144（T343，87）。

例：W144（T343，87）問曰：告人私有弩，獄官因告乃檢得甲，是類事以否？

答曰：稱「類」者，謂其形狀難辨，原情非誣，所以得除其罪。然弩之與甲，雖同禁兵，論其形樣，色類全別，事非疑似，元狀是誣。如此之流，不得為「類」。

按：《鬥訟律》卷第二十三總第 343 條律條懲治誣告罪中的一種，即因告小事經查為虛，但由此檢得重事或等事，需憑告者主觀是否故意作為判斷是否屬於誣告的依據。此條律文下共有一處問答。此處問答源出律條裏涉及的「類其事」與「離其事」的規定。

問式詢問告發別人私有弩弓，經獄官搜檢卻發現私有戰甲，此種情況是否屬於「類事」。答式首先解釋「類」這一詞語在法律語境下的涵義，即形狀相似、匆促之間難以分辨的兵器才能視為「類（同類）」，接著解析問式提出的疑難問題，指出「弩」與「甲」雖同屬禁止私藏的兵器，但形狀完全不同，不屬相類的物品。最後給出判語，指明這兩類兵器不能視為同類，此種情況屬誣告，而且訓釋不僅僅解釋了此類疑難案例的處置辦法，同時指出其他同類情況也做相同處理。

### 5.2.6.5　補充解析＋解析疑難情狀並下判語（3）

W149（T347，91）、W174（T471，114）、W178（T487，118）。

此類答式首先補充說明與問式問題相關的疑難案例或複雜情況的處置辦法，接著再解析問式提出的疑難問題並就罪名、刑罰下明確判語。

例 1：W174（T471，114）問曰：其囚本犯死罪，辭未窮竟，又不遣人雇倩殺之，而囚之親故雇倩人殺及殺之者，合得何罪？

答曰：辭雖窮竟，不遣雇倩人殺之；雖遣雇倩人殺之，辭未窮竟：此等二事，各依鬥殺為罪，至死者加役流。若辭未窮竟，復不遣雇倩殺之而輒殺者，各同鬥殺之法，至死者並皆處死，不合加役流。

按：《斷獄律》卷第二十九總第 471 條律文懲治擅殺死囚之犯罪，以維護對死囚審判與執行的正常的司法秩序，此律條下共有一處問答。問式詢問

在「辭未窮竟」及「又不遣人雇倩殺之」的情況下，死囚親屬卻雇請人殺囚及受雇請行殺的人，應歸屬的罪名及應受的刑罰。答式不僅解答問式提出的問題，同時補充解析了相對應的疑難情況的處置辦法，即在「辭雖窮竟，不遣雇倩人殺之；雖遣雇倩人殺之，辭未窮竟」的情況下，犯罪主體應承擔的罪名。與通常採用的程序不同，此類程序中補充的部分放在問式的前部。答式主要採用比較的訓釋方法（「辭未窮竟」與「辭雖窮竟」的不同處理辦法）解答疑難案例。

例 2：W178（T487，118）問曰：有人本犯加役流，出為一年徒坐，放而還獲減一等，合得何罪？

答曰：全出加役流，官司合得全罪；放而還獲減一等，合徒五年。今從加役流出為一年徒坐，計有五年剩罪；放而還獲減一等，若依徒法減一等，仍合四年半徒。既是剩罪，不可重於全出之坐，舉重明輕，止合三年徒罪。

按：《斷獄律》卷第三十總第 487 條律文懲治司法官吏「非法出入人罪」（非法加罪及減罪）之職務犯罪，意在以明文規定的法條監督官吏依法辦事。問式列舉疑難案例，有人本犯加長役期的流刑卻被減為一年徒刑，錯放後又抓回依法減輕一等處罰，詢問對作減罪的官員該處何種刑罰。答式首先補充說明相關疑難情況「全出加役流」及「放而還獲減一等」的處置辦法，接著才解析並答覆問式提出的問題。主要採用類推比附的訓釋方法進行論證與解析，「舉重明輕」即此處的處理既然屬於徒刑非法加減差額的處置，不可以比非法出入徒刑全額三年的處罰重，只當處徒刑三年。

### 5.2.6.6　闡明禮法＋解析疑難情狀並下判語（3）

W89（T178，46）、W102（T260，56）、W167（T413，107）。

此類答式首先闡明禮法，意在運用禮制規定說明立法的目的、罪名歸屬的原因及刑罰處置的適度等，接著解析疑難案例或複雜情況並就罪名、刑罰下明確判語。

例 1：W89（T178，46）問曰：婢經放為良，聽為妾。若用為妻，復有何罪？

答曰：妻者，傳家事，承祭祀，既具六禮，取則二儀。婢雖經放為良，豈堪承嫡之重。律既止聽為妾，即是不許為妻。不可處以婢為妻之科，須從以妾為妻之坐。

按：《戶婚律》卷第十三總第 178 條懲治混亂妻、媵、妾身份的犯罪，

立法目的是維護封建婚姻家庭中妻、媵、妾的地位秩序。此律條下共有兩處問答。W89（T178，46）中問式詢問如將婢放為良人後娶做妻子，應處何種罪名，答式首先闡明立法，指出妻有傳承家業、承接祭祀之重任，並經過禮儀程序才能夠結為夫婦，因此婢雖經放良但不堪「承嫡之重」。闡明禮法後分析法律規定，並給出明確罪名。

例 2：W167（T413，107）問曰：父祖之妾，曾經有子，父祖亡歿，改嫁他人，而子孫奸之，得同凡奸以否？

答曰：婦人尊卑，緣夫立制。子孫於父祖之妾，在禮全無服紀，父祖亡歿，改適他人，子孫奸者，理同凡奸之法。律有「曾為祖免親妻妾而嫁娶者」別立罪名；至於和奸，律無加罪。

按：《雜律》卷第二十六總第 413 條律條懲治「內亂」中最嚴重的犯罪，即與父祖妾及其他期服女性親屬通奸之犯罪。此條下共有一處問答。問式詢問一種疑難情況的處置辦法，即曾經為父親或祖父生養過的父祖之妾，在父祖亡故之後改嫁，而子孫與之通奸，能否與常人犯通奸罪一樣處罰。答式首先闡明禮法，指出根據禮法，「婦人尊卑，緣夫立制」，即女性地位的尊卑，根據丈夫確定。接著詳細解析案例，最後給出明確判語，「理同凡奸之法」。主要採用類推比附法及引證法進行訓釋。

### 5.2.6.7 解析疑難情狀並下判語（解析疑難情狀 1 並下判語＋解析疑難情狀 2 並下判語＋總判語）（1）

W22（T24、10）。

例：W22（T24、10）問曰：妻有「七出」及「義絕」之狀，合放以否？

答曰：犯「七出」者，夫若不放，於夫無罪。若犯流聽放，即假偽者多，依令不放，於理為允。犯「義絕」者，官遣離之，違法不離，合得徒罪。「義絕」者離之，「七出」者不放。

按：《名例律》卷第三總第 24 條是關於流配之法的專條，規定流配的內容和入籍的辦法，此處問答緣於此條「妻妾從之」（妻妾必須跟隨犯流罪的丈夫配發至流放地）之律提出疑問。

問者並列犯人之妻的兩類違反禮制與法律的行為，詢問在夫犯流刑的情況下，丈夫是否可以休棄遣走妻子。此條法律規定丈夫犯流罪須服流刑，同時，「妻妾從之」。這一規定，很可能會引發作弊行為，即丈夫得知須服流刑，於是假為妻子犯錯並休棄，或者以前犯錯未休棄適值流放始休棄的造假行

為，以使妻子免遭流放之苦。因此在司法實踐中，就需要進行甄別並採取相應的措施。

答者採用先分述後總說的方式進行訓釋。首先解析犯「七出」的具體情況，用兩個假設句式說明不同情況應不同對待。接著解析犯「義絕」逢夫流罪的處置辦法。最後給出總結式判語，明確兩類情況應分別對待、不同處置。

### 5.2.6.8　解析律注＋解析疑難情狀並下判語＋補充解析（1）

W128（T308，76）。

此類答式首先引用律注並解析律意，接著解析疑難案例，同時給出明確判語，最後補充解析相關複雜情況的處置辦法。

例：W128（T308，76）問曰：甲乙丙三人同謀毆人，各拳毆一下，合作首從以否？

答曰：律云：「同謀共毆人者，各以下手重者為重罪。」此據辜內致死，故有節級減文。下又云：「不同謀者，各依所毆傷殺論。」即明毆者得毆罪，傷者得傷罪，殺者得殺罪。拳毆人者笞四十；不同謀者各從毆科，同謀毆人豈得減罪？是知各笞四十，不為首從。若更有丁，亦與甲乙丙同謀，丁不下手，又非元謀，即減二等，笞二十之類。

按：《鬥訟律》卷第二十一總第 308 條律條規定共犯鬥毆罪時，根據情節、後果區分刑罰輕重的辦法。此律條下共有兩處問答。W128（T308，76）中，問式詢問有甲乙丙三人共謀打人，並各用拳毆打了一下，是否應區分首犯與從犯。答式兩次引用此條律文之規定，並進行解析，意在說明「同謀」且「犯罪情節」相同，所受處罰也相同。接著針對此種複雜情況給出明確判語：「各笞四十，不為首從」。最後又補充解析更為複雜情況的處置辦法：如出現第四人即「丁」，參與謀劃但未參與鬥毆，此種情況應「減二等，笞二十」處罰。此答式的程序即為「解析律注＋解析疑難情狀並下判語＋補充解析」。

## 5.3 《唐律疏議》問答體疏證答式訓詁方法及訓釋用語

學界注重對傳統經學訓詁方法的總結，如「據古訓、破假借、辨字形、考異文、通語法、審文例、因聲求義、探求語源」（郭在貽 1986）；「聲訓、形訓、義訓」（周大璞 1984）；「以形索義、因聲求義、比較互證」（陸宗達、

王寧 1994）；「形訓、音訓、義訓」（富金壁 2003）；「聲訓、形訓、義訓、觀境為訓」（黃孝德、羅邦柱 2007）；「審辨字形、因聲求義、依據古訓、排比用例、考察文例、方言佐證」（方一新 2008）等。這些表述雖不完全相同，但對傳統經學訓詁「聲訓、形訓、義訓」三種基本方法的認定是較為一致的。

在專科訓詁實踐中，還有一些普遍使用並行之有效的訓詁方法，應該認真加以研究和總結，使之逐步明晰、規範、系統。

《唐律疏議》採用「議」與「問答」兩種訓釋方式對術語、罪名、刑罰、處置辦法、疑難案例等進行訓釋，關於「議」包含的具體的訓詁方法，已有學者就某些方面做過初步探討，如王東海（2007）在對《唐律疏議》的法律詞彙語義系統進行分析時認為，《唐律疏議》對詞語的訓釋方法主要有三種：一是義訓的方法，主要採用義界、代語、描寫、舉例、說明類屬等形式，依據具體語境，直接從意義上描述義位變體；二是因聲求義的方法，運用聲訓，取音同音近的詞來解釋詞義，提示語源，間接地顯示具體詞義特徵及刑名淵源，尋求法理依據，如「妻，齊也」，但聲訓由於其意義聯繫的隱含性，在《唐律疏議》中並不單用，聲訓之後必跟義訓補充；三是小語境觀察法（比較互證法），用語境比較的方法，描述同一個詞在不同語境中表現出來的不同義位乃至不同的義位變體，這樣可以瞭解各義位變體之間的關係。他還提出，「《唐律疏議》中對法律語義描寫深度的追求，更多體現的是對各種訓釋方法的綜合使用，如語言訓釋與知識訓釋、詞義訓釋與文意訓釋、探明語源與梳理演變、引證權威與現實舉例等方法的結合。」

法律問答體疏證作為一種宏觀的訓詁方法已有學者做過初步探討，但迄今還未有研究者深入內部就程序、術語、方法進行過詳盡分析。我們認為，《唐律疏議》問答體疏證的答式在對問式提出的問題進行訓釋時，綜合使用了各種訓詁方法，對問式的法律術語、複雜情況的處斷（即所屬罪名及刑罰）、處斷原因進行訓釋。答式大量使用的訓詁方法有引證法、類推比附法、例證法等，與傳統經學訓詁方法存在一定差異。

## 5.3.1　訓詁引據法

作為一種學術研究的手段，引據的應用範圍並不限於訓詁，但本文只探討訓詁實踐中的引據法。作為訓詁方法的引據，是指在訓釋語言時引用現成材料來解析問題的方法。「據」是「證據」、「理據」，指的是訓釋所徵引的基本材料。訓詁引據法，也有研究者將之稱為「引用證明法」（楊郁 1994）、「徵

引訓詁體式」（王寧 1996）。

　　推導、確立一個訓詁結論，需要擁有充足的證據。周復綱（1991）提出，「引據是一種以已知求未知的訓詁法。當人們面對某一需要解釋的語言材料時，並不總是輕鬆愉快的。相反，人們之所以感到對它有解釋的必要，正說明對它的理解中存在障礙。這時，人們便會自然而然地求助於前代或當代其他人業已作出的現成解釋，或者是有助於推導出正確解釋的種種材料。引用別人，特別是引用知識廣博、富有社會影響的學者的解釋；引用成書，特別是引用被歷史證明是有價值的重要文獻的記載；引用口語，無論是曾經還是正在活著的口頭語言材料，將能使我們布滿障礙的訓詁之道變為坦途。」

　　訓詁考證法也是訓詁實踐中常見的方法，考證是考釋與證明，王寧（1996）指出，「考釋指找出已經作出的訓釋的原始依據，或對尚未作出明確訓釋的疑難詞義進行探求，找出這個詞在該文中的使用義，並用這個詞義來疏通文意。證明則是提出有力的證據，證明考釋結果的正確性。任何詞義工作都是邊考邊證的。」關於訓詁引據法與訓詁考證法的不同之處，周復綱（1991）指出，「引據法是對外部材料的直接引用，而考證法則是對外部材料的間接利用。引據法是對已知條件的直接採用，而考證法則是間接地利用已知條件，根據事物之間的種種聯繫，去輾轉推求出所需要的結論。」也就是說，引據法是直接徵引現成的材料，考證法需要有一個考釋的過程。

　　傳統經學訓詁也使用引據法，據王寧（1996）考證，東漢蔡邕為班固《典引》作注時已使用徵引作為注釋的手段，徵引文獻 17 次，範圍為《詩》、《書》、《易》、《春秋左氏傳》和《論語》五種，但只是「『以經正經』的漢代注釋習慣的承襲」，徵引成為一種成熟、完善的訓詁體式，應自唐人李善《文選注》始。王寧認為，李善《文選注》之前，徵引的訓詁體式很早就有人使用，但都是少量與偶然的，「李善的《文選注》選擇蔡邕舊注後，又作了增補，徵引文獻 81 次，引用文獻數達 30 多種，範圍擴大到經、史、子、集各部。」

　　王寧（1996）還提出，徵引式訓詁有兩個重要特點：

　　第一，是在注釋點的選擇上。不論是說解式、直譯式還是考證式的訓詁，都是選擇疑難詞、句、段為注點的。或含義深刻，或古今差異，或文有脫訛，或說有分歧，非疑難一般不注。而徵引式訓詁的注點則常選擇在需要通過追溯源流而深入開掘作品意旨之處。

　　第二，是在引文的選擇和自注詞語的選擇上。經注的考證一般是「以經證經」，如需引文，範圍十分狹窄。唐代以前子、史的考證以經書為典範，需要引文時，也以述古為主要標準，以探討可能探出的最早字源、詞源、典源為主要任務。

　　我們發現，《唐律疏議》問答體疏證答式在對問式提出的問題進行訓釋時，大量使用訓詁引據法，引據來源除少量儒家經典外，大部分為法典律條，行文格式較為嚴整、規範。

### 5.3.1.1　《唐律疏議》問答體疏證答式大量使用引據法的原因

　　法典的立法解釋與司法解釋，要求刑名歸屬、刑罰處置必須有理據可依，案例的分析必須以法律為依據，方能體現法律的嚴謹、莊嚴與神聖，所以大量使用引據法，尤其是內證（自證），即引用本部法典的具體法條之規定進行訓釋。

### 5.3.1.2　《唐律疏議》問答體疏證答式訓詁引據的方式

#### 5.3.1.2.1　直接徵引

　　直接徵引意為直接引用原文，未作文字上的增刪改動與語序的調整，《唐律疏議》問答體疏證答式的徵引，以直接徵引居多，即或徵引本條法律之律注，或徵引本部法典它條法律之律注，皆為直接引用，對原文未作改動。

　　例 1：W7（T16，4）答曰：律云「在官犯罪，去官事發；或事發去官：犯公罪流以下各勿論」，但檢校、攝判之處，即是監臨，若有愆違，罪無減降。其有敕符差遣及比司攝判，攝時既同正職，停攝理是去官，公坐流罪亦從免法。若事關宿衛，情狀重者，錄奏聽敕。其寺丞、縣尉之類，本非別司而權判者，不同去官之例。諸司依令當直之官，既非攝判之色，不在去官之限。

　　例 2：W11（T17，5）答曰：律云：「行、守者，各以本品當，仍各解現任。」其正六品上散官守五品者，五品所守，別無告身，既用六品官當，即與守官俱奪。若五品行六品者，以五品當罪，直解六品職事，其應當罪告身同階者，悉合追毀。

　　按：以上例 1、例 2 都直接引用本條法律部分律文之規定作為訓釋處置辦法的依據，徵引時未作字詞上的改動。

#### 5.3.1.2.2　間接徵引

　　《唐律疏議》問答體疏證答式的徵引有的為間接徵引，即或增減少量文

字，或對字詞做少量改動，或用簡潔的語言概括原文大意，重點徵引其主要核心內容。

例1：W29（T28，13）又問：注云：「造畜蠱毒，婦女應流者，配流如法。」未知此注唯屬婦人，唯復總及工、樂以否？

答曰：案賊盜律：「造畜蠱毒者，雖會赦，不免。同居不知情，亦流。」但是諸條犯流加杖、配徒之色，若有蠱毒，並須配遣，故於工、樂等留住下立例。注云：「造畜蠱毒應流者，配流如法。」斯乃工、樂以下總攝，不獨為婦人生文。

按：此答式出現於《名例律》卷第三總28條律文中，開端「案賊盜律：『造畜蠱毒者，雖會赦，不免。同居不知情，亦流』」為徵引本部法典它條律文——《賊盜律》卷第十八總第262條律條，但非原文徵引，而是概括整條律文大意。

例2：W47（T37，21）答曰：謀殺凡人是輕，謀殺舅罪乃重，重罪既得首免，輕罪不可仍加。所首姓名既同，唯止舅與凡人有異，謀殺之罪首盡，舅與凡人狀虛，坐是「不應得為從輕」，合答四十。其謀殺親舅，乃云凡人者，但謀殺凡人，唯極徒坐；謀殺親舅，罪乃至流。謀殺雖已首陳，須科「不盡」之罪。三流之坐，準徒四年，謀殺凡人合徒三年，不言是舅，首陳不盡，處徒一年。

按：此答式出現於《名例律》卷第五總第37條律條中，在訓釋刑名歸屬時，引用了《雜律》卷第二十七總第450條部分律文之大意，原律文為「不應得為而為之者，答四十；事理重者，杖八十」，引用時概括其大意為「不應得為從輕」。

### 5.3.1.3 《唐律疏議》問答體疏證答式訓詁引據徵引的材料

《唐律疏議》問答體疏證答式訓詁引據徵引的材料有內證材料與外證材料兩類。

「內證是指與訓釋對象出自同一語言環境的理據，對於訓釋對象來說，處於本句、本章以至本書範圍內的旁證材料，皆可稱為內證。」（周復綱1991）《唐律疏議》問答體疏證答式的內證引據是指訓釋時徵引的本條法律之律文、注文、本卷法律以及本部法典內其他卷章的律文與注文。

「外證是指從本書以外獲得的理據。在訓詁實踐中，常常找不到足夠的內證，對於某些出現頻率較低的訓釋對象尤其如此。這時，就只能到本書以

外去尋求必要的外證。」（周復綱 1991）《唐律疏議》問答體疏證答式的外證引據包括與《唐律疏議》同時代頒行的法律、前代法律以及儒家經典。

### 5.3.1.3.1 徵引本條或本法典它條律、注

答式徵引的律文與注文，以本條法律及本部法典其他篇目為主，徵引的行文位置根據訓釋的具體需要，有的位於答式開端，有的位於中間、結尾；有的答式只有一處引用，有的有多處引用。

例 1：W161（T372，101）答曰：詐捕攝人，已成凶狡，更加毆打傷殺情狀，彌所難原。前人既不相干，即當「故殺傷」法。若前人拒毆，殺傷捕者，名例云：「本應輕者，聽從本。」既不合捕，橫被執持，雖有殺傷，止同鬥殺。

按：W161（T372，101）出現於《詐偽律》卷第二十五總第 372 條律條中，答式有兩處徵引，均出自本部法典律條。「故殺傷」此處指《鬥訟律》卷第二十一總第 306 條中對「故殺人」及「故毆傷人罪」之處置；「名例云：『本應輕者，聽從本。』」出自《名例律》。

例 2：W165（T385，105）答曰：律云「詐陷人至死及傷」，但論重法，略其輕坐，不可備言，別有「舉重明輕」及「不應為」罪。若誑陷令溺，雖不傷、死，猶同「毆人不傷」論。陷殺傷畜產者，準「作坑阱」例，償其減價。

按：W165（T385，105）出現於《詐偽律》卷第二十五總第 385 條律條中，答式有四處引據，均為本部法典律條，其中「詐陷人至死及傷」出自本條律文，「舉重明輕」出自《名例律》卷第六總第 50 條律文，「不應為」出自雜律卷第二十一總第 302 條。

### 5.3.1.3.2 徵引同時代法律「令」、「格」、「式」（9）

《唐律疏議》問答體疏證的答式還徵引同時代的法律「令」、「格」、「式」作為訓釋的材料。「令」、「格」、「式」均為唐代的法律，王立民（2007）認為，「唐令、格和式主要補充一些律條中較為重要的內容。其中，有些是律條中沒有明文規定，如不補充會影響對律文含義的理解，故需要通過補充明確律義」，「有些是律文中規定的內容易混淆，經過補充可以加以區別，明辨彼此」，「更多的是律條中雖有規定，但不詳盡，通過補充使律文更為具體，避免偏頗」。據錢大群（2008），「唐代的法律共有四種。《唐六典》在介紹唐代法律種類時曾說：凡文法之名有四：一曰律，二曰令，三曰格，四曰式。唐代人把律、令、格、式統稱為『文法』，這裡的文法是統指制定的成文法

律。在唐代的法律體系中，各種不同性質與種類的法律已形成了互相分工協作的關係。」四種法律中，「『律』，是指刑律。其制定的目的及作用是『正刑定罪』，其性質基本屬於刑法範疇」「作為一般施政根據的令、格、式又是三種形式不同、位階不同的法律。《令》、《格》、《式》之間的區分是依其位階及作用效力的不同來劃分的。《令》與《式》都是各種正面的典章制度法規，而《式》則是為貫徹律、令而制定的細則性法規」「《格》是以其立法主體及效力的特殊為特點，其他法律都應與格符合，而不得與之矛盾。格實際是立法當局對律、令、格、式等法律進行修正補充的一種手段。」

　　《唐律疏議》問答體疏證計有 9 處答式徵引了「令」、「格」、「式」的內容，出處為《獄官令》、《賦役令》、《戶令》、《刑部格》、《兵部式》、《刑部式》六種法律：W9（T17，5）（《獄官令》《刑部式》）、W13（T18，6）（《戶令》）、W36（T31，16）（《獄官令》）、W42（T33，18）（《賦役令》）、W74（T75，34）（《兵部式》）、W83（T160，42）（《戶令》）、W96（T249，53）（《戶令》）、W154（T359，96）（《獄官令》）、W162（T375，102）（《刑部格》）。

　　例 1：W36（T31，16）答曰：律以老、疾不堪受刑，故節級優異。七十衰老，不能徒役，聽以贖論。雖發在六十九時，至年七十始斷，衰老是一，不可仍遣役身，此是役徒內老疾依老疾論。假有七十九犯加役流事發，至八十始斷，止得依老免罪，不可仍配徒流。又，依獄官令：「犯罪逢格改者，若格輕，聽從輕。」依律及令，務從輕法，至於老疾者，豈得配流。八十之人，事發與斷相連者，例從輕典，斷依發時之法。唯有疾人與老者理別，多有事發之後，始作疾狀，臨時科斷，須究本情：若未發時已患，至斷時成疾者，得同疾法；若事發時無疾，斷日加疾，推有故作，須依犯時，實患者聽依疾例。

　　按：此答式徵引《獄官令》之規定作為補充，指出司法實踐中，如遇不同法規相牴牾，應「務從輕法」，即依照量刑較輕的法規處理。

　　例 2：W42（T33，18）答曰：依令：「任官應免課役，皆據蠲符到日為限。」其徵銅之人，雖對面斷訖，或有一身被禁，所屬在遠，雖被釋放，無銅可輸，符下本屬徵收，須據符到徵日為限。若取對面為定，何煩更牒本屬。

　　按：此答式徵引「依令：『任官應免課役，皆據蠲符到日為限』」作為訓釋依據，補充唐律規定之不詳盡處，「令」此處指唐代《賦役令》。

### 5.3.1.3.3　徵引前代法律（1）

《唐律疏議》注及疏在訓釋時對前代法律多有徵引，經測查，問答體疏證答式有一處徵引了晉代法律。

例：W1（T5，1）答曰：《書》云：「金作贖刑。」注云：「誤而入罪，出金以贖之。」甫侯訓夏贖刑云：「墨闢疑赦，其罰百鍰；劓辟疑赦，其罰千鍰。」注云：「六兩曰鍰。鍰，黃鐵也。」晉律：「應八議以上，皆留官收贖，勿髡、鉗、笞也。」今古贖刑，輕重異制，品目區別，備有章程，不假勝條，無煩縷說。

按：此答式徵引晉律作為訓釋贖銅製度源起與演變的依據。

### 5.3.1.3.4　徵引《禮記》等儒家經典內容（6）

W1（T5，1）（《尚書》及漢代孔安國之《傳注》）、W2（T6，2）（《禮記‧喪服小記》）、W78（T120，38）（《禮記‧間傳》）、W79（T120，38）（《禮記‧雜記》及鄭玄注文）、W90（T182，47）（《禮記‧坊記》）、W79（T120，38）（《儀禮‧喪服》）。

儒家經典的核心內容之一體現為「禮」。「禮」的內涵與外延非常深廣，最初的「禮」起源於部落時代，先秦時期禮即是法。後來專門的成文法出現，禮與法在形式上開始分離，但通過「以禮入法」、「引經注律」、「引經決獄」的形式，「禮」仍然發揮著法律的效力。

西漢時期漢武帝罷黜百家、獨尊儒術，確立了儒家思想的正統地位，董仲舒「《春秋》決獄」，用《春秋》的內容作為審案的依據。後代雖不再完全依靠經義進行立法與司法活動，但「以禮入法」、「引經注律」一直因襲多年。魏晉南北朝時期，代表儒家思想核心內容的「禮」大量入律，曹魏律中的「八議」制度、晉律中的「準五服制罪」制度、南朝陳律中的「官當」制度、北朝北齊律中的「重罪十條」制度等，都體現了鮮明的以禮入法的特點。

唐初統治者對儒學非常重視，唐太宗曾幾次下令整理、注疏儒家經典，對其內容進行規範、定型，並大力推廣儒學教育。唐太宗、魏徵、王珪等人都主張治國必須禮法並用，唐太宗認為秦朝之所以二世而亡國，一個主要的原因就是秦統治者用嚴刑而棄禮義，因此他們都極力主張禮法並用，認為只有如此方能治國安民。這種立法原則在唐律中貫徹得非常徹底，《唐律疏議‧名例》開篇疏文說：「德禮為政教之本，刑罰為政教之用，猶昏曉陽秋相須而成者也。」也就是說，「德禮」和「刑罰（即法律）」是治理國家、教化百

姓的兩大措施，就如同黃昏與拂曉、春天與秋天一樣是自然節律的一部分，相輔相成、不可分割。同時，德禮是「本」，處於主導地位，而刑罰是「用」，是輔助的手段。

在談到唐律禮與法的關係時，錢大群（2007）指出，禮作為等級統治的思想與制度，是唐律制定遵循的原則與維護的對象。唐律中大量的關於對立階級之間及統治階級內部的壓迫制度、特權制度，在血緣關係上的等級制度及被此決定的重要的訴訟制度，都是在禮的指導下逐步建立起來的刑事法律規範。禮中一些重要的被刑律條文化的規範是刑事規範（如喪制未滿除去喪服受刑罰），同時又仍是禮的規範（如父母與丈夫的喪期三年）。禮中未被刑律化的規範（如官吏服色依等級分），其中一部分入於《令》或《式》，一部分則連令、式也不入。違犯入於《令》、《式》的禮的規範，由刑律統一規定分別笞五十或笞四十。既未入律，又未入令、式的禮的規範，主要由道德或行政教令約束。以禮作為重要的指導原則，使部分的禮制刑律條文化或《令》、《式》化，但律、令、式與禮又並不合典，而是分典而立。

禮與法畢竟是兩種不同的行為規範，將二者結合在一起，勢必會產生一定的矛盾。如上所述，唐律一方面將一些重要的禮制通過刑律條文化，變成刑事規範，另一方面通過法律限定未被刑律化的用禮範圍、對違禮不違法的行為採用「上請」（請皇帝奏裁）、「不應為」（處罰輕於法律之罪罰規定））等方法維護禮的尊嚴，同時又發揮法的護禮效力。因此，有研究者認為，「在中國法制史上，唐律是第一部成功處理禮法關係的法典」（王立民 2007）。

引經注律也是禮法結合的表現，因為唐律的注、疏是一種有權解釋，與律一樣具有法律效力。王宏治（2008）指出，《唐律疏議》以大量的儒家經典來釋義法律條文，將經學義理作為法學原理，經學義理即為法源，使法律與經義融為一體，以經義說明《唐律》的正當性、合理性，進而證實其合法性。經義釋律在此達到最高峰，從而形成中華法系的特色，奠定了中華法系的理論基礎，並對後世產生重大影響。

因此《四庫全書總目‧唐律疏議提要》評說唐律：「論者謂唐律一準乎禮，以為出入得古今之平，故宋世多採用之。元時斷獄，亦每引為據。」唐律「一準乎禮」，對後世引經決獄的影響也是巨大的。

唐律「引經注律」訓釋方法表現為以「議」與「問答」的形式，從詩、書、禮、易、春秋、公羊、左傳、爾雅和孝經中大量引用儒家經句，把它們作為立

法解釋與司法解釋的依據。有的篇目援引的數量很大，如《名例》律共 57 條律條，就引用經句四十餘處用來釋律。王立民（2007）認為，在唐律中儒家經句首先是確定一般原則的主要依據，其次是確定罪名的主要依據，第三是確定刑罰的主要依據。

問答體疏證答式共有五處引用出自三部經書之經句。

例 1：W2（T6，2）問曰：外祖父母及夫，據禮有等數不同，具為分析。

答曰：「外祖父母」，但生母身，有服，無服，並同外祖父母，所以如此者，律云「不以尊壓及出降」故也，若不生母身者，有服同外祖父母，無服同凡人。依禮，嫡子為父後及不為父後者，並不為出母之黨服，即為繼母之黨服，此兩黨俱是外祖父母；若親母死於室，為親母之黨服，不為繼母之黨服，此繼母之黨無服，即同凡人。又，妾子為父後及不為父後者，嫡母存，為其黨服，嫡母亡，不為其黨服。禮云：「所從亡，則已。」此既從嫡母而服，故嫡母亡，其黨則已。「夫」者，依禮，有三月廟見，有未廟見，或就婚等三種之夫，並同夫法。其有克吉日及訂婚夫等，唯不得違約改嫁，自餘相犯，並同凡人。

按：《名例律》卷第一總第 6 條律文分列「十惡」的具體罪名與罪狀。屬「十惡」之一的「惡逆」是指針對侵犯封建家庭倫理的刑事犯罪，其中涉及到了兩個專有名詞「外祖父母」及「夫」，在一夫一妻多妾制度及繁複禮法中，這兩個詞的法律範圍內的含義並不十分清晰，所以特設問答予以解釋。答式運用引證法，先後引用同部法典《名例》律卷第六總第 52 條的律文及《禮記‧喪服小記》的規定來釋詞。在詮釋妾的兒子是否需要為嫡母的親族服喪時，引用《禮記‧喪服小記》的規定「所從亡，則已」，指出如嫡母亡故，對其親族就無需服喪，這是用禮法的規定來補充法律規定之不足。

例 2：W79（T120，38）又問：居期喪作樂及遣人作，律條無文，合得何罪？

答曰：禮云：「大功將至，辟琴瑟。」鄭注云：「亦所以助哀。」又云：「小功至，不絕樂。」喪服云：「古者有死於宮中者，即三月為之不舉樂。」況乎身服期功，心忘寧戚，或遣人作樂，或自奏管絃，既玷大猷，須加懲誡，律雖無文，不合無罪，從「不應為」之坐：期喪從重，杖八十；大功以下從輕，笞四十。緦麻、卑幼，不可重於「釋服」之罪。

按：《職制律》卷第十總第 120 條規定違犯服喪制度的犯罪，此律條下共

有兩處問答，W79（T120，38）中，問式詢問律條沒有明文規定的服期喪期間彈奏音樂或讓人演奏，該如何處罰。答式首先引用儒家經典中與服喪制度相關的四處內容，分別為《禮記·雜記》兩處、《禮記》鄭玄注一處、《儀禮·喪服》一處，依照禮制，對問式提出的法無明文的案例做出明確判斷：罪名為「不應為」罪，刑罰根據親緣關係的遠近，分處「杖八十」、「笞四十」、不可重於「釋服」之罰。

此答式可見，儒家經句既是確定罪名的主要依據，也是確定刑罰的主要依據。

### 5.3.1.4　《唐律疏議》問答體疏證答式訓詁引據的作用

問答體疏證答式使用引據法，主要目的一是依據徵引內容確定罪名，二是依據徵引內容推定具體案例之處置辦法。

例1：W92（T190，49）問曰：妻妾擅去徒二年，因而改嫁者加二等。其有父母、期親等主婚，若為科斷？

答曰：下條：「嫁娶違律，祖父母、父母主婚者，獨坐主婚。若期親尊長主婚者，主婚為首，男女為從。」父母知女擅去，理須訓以義方。不送夫家，違法改嫁，獨坐父母，合徒三年；其妻妾之身，唯得擅去之罪。期親主婚，自依首從之法。

例2：W93（T205，50）問曰：誤殺及故傷緦麻以上親畜產，律無罪名，未知合償減價以否？

答曰：律云：「殺緦麻以上親馬牛者，與主自殺同。」主傷馬牛及以誤殺，律條無罪；諸親與主同，明各不坐。不坐，即無備償，準例可知，況律條無文，即非償限。牛馬猶故不償，餘畜不償可知。

例3：W101（T260，56）問曰：監臨親屬為部下人所殺，因茲受財私和，合得何罪？

答曰：依律：「監臨之官，知所部有犯法，不舉劾者，減罪人罪三等。」況監臨內相殺，被殺者又是本親，一違律條，二乖親義，受財一疋以上，並是枉法之贓，贓輕及不受財，各得「私和」之罪。其間有罪重者，各從重科。

### 5.3.1.5　《唐律疏議》問答體疏證答式訓詁引據法使用的訓釋程序語

答式在使用引據法徵引材料時，訓釋用語有：「律云」「依××律」「據律」「依律」「下條云」「下條」等。

例 1：W94（T243，51）問曰：私有甲三領及弩五張，準依律文，各合處絞。有人私有甲二領並弩四張，欲處何罪？

答曰：畜甲、畜弩，各立罪名，既非一事，不合併滿。依名例律：「其應入罪者，舉輕以明重。」有甲罪重，有弩坐輕；既有弩四張已合流罪，加一滿五，即至死刑，況加甲二領，明合處絞。私有弩四張，加甲一領者，亦合死刑。

例 2：W98（T257，54）問曰：父祖、子孫見被囚禁，而欲劫取，乃誤殺傷祖孫，或竊囚過失殺傷他人，各合何罪？

答曰：據律：「劫囚者，流三千里；傷人及劫死囚者，絞；殺人者，皆斬。」據此律意，本為殺傷傍人。若有誤殺傷被劫之囚，止得劫囚之坐；若其誤殺父祖，論罪重於劫囚，既是因誤而殺，須依過失之法；其因竊囚過失殺傷他人者，下條云「因盜而過失殺傷他人者，以鬥殺傷論。至死者，加役流」。既竊囚之事類因盜之罪，其有過失，彼此不殊，殺傷人者，亦依鬥殺傷人論，應至死者從加役流坐。其有誤殺傷本法輕於「竊囚未得」者，即從重科。

例 3：W111（T277，62）問曰：「發冢者，加役流。」律既不言尊卑、貴賤，未知發子孫冢，得罪同凡人否？

答曰：五刑之屬，條有三千，犯狀既多，故通比附。然尊卑貴賤，等數不同，刑名輕重，粲然有別。尊長發卑幼之墳，不可重於殺罪；若發尊長之冢，據法止同凡人。律云「發冢者，加役流」，在於凡人，便減殺罪一等；若發卑幼之冢，須減本殺一等而科之：已開棺槨者絞，即同已殺之坐；發而未徹者徒三年，計凡人之罪減死二等，卑幼之色亦於本殺上減二等而科；若盜屍柩者，依減三等之例。其於尊長，並同凡人。

## 5.3.2　訓詁類比法

經初步測查，《唐律疏議》問答體疏證答式有五十餘條使用訓詁類比法。

### 5.3.2.1　訓詁類比法與法律解釋中的比附

類比作為一種邏輯方法、研究方法，應用非常廣泛。

訓詁實踐中也經常用到類比。關於訓詁類比法的含義，任勝國（1995）認為，作為一種訓詁方法，類比釋義是指通過詞與詞之間意義關係的對比，證其同，較其異，達到探求詞義的目的。周復剛（2000）提出，「作為訓詁法之一的類比，是指通過同類語言材料或語言現象之間的相互比較，以求得

對訓詁對象的正確認識。所以，這種類比實質上就是同類語言事實的比較研究與價值判定法。」關於訓詁類比法的運用條例，周復剛總結出了四種類型：連文類比，包括同義連文、類義連文、反義連文三種主要模式；對文類比，包括同義對文、類義對文、反義對文；互見類比，包括本句互見、本文互見、本書互見、他書互見等；同例類比，包括詞序異常、語詞復用、重文下書二畫等。任勝國提出，類比釋義揭示了古漢語詞語間多種語義關係，包括同義關係、反義關係、下義關係。

綜上可見，訓詁類比法常通過歸納、繫連具有相似、相類、相關、相反關係的詞語用例，揭示其詞義與語義，並發現研究對象之間的關係及發展運動規律。

律學訓詁中的類比，在訓釋內容、應用過程、運用條例上與此略有差異。任何一部法典，無論立法如何嚴謹、周密，其律條也不可能網羅一切行為準則、覆蓋一切具體案件，因此在立法解釋與司法實踐中便有比附的必要，W111（T277，62）的答式對此亦有明確闡釋：「五刑之屬，條有三千，犯狀既多，故通比附。」錢大群（2007）對「比附」下了這樣一個定義：「唐律中使用在立法上的對無明文規定之某種犯罪行為在性質認定、情節輕重或刑罰幅度上以《律疏》中已有之內容作為比照處置的制度。」也就是說，比附是將一項法律沒有明文規定的疑難案例的處斷，依其相同或相似的關係推及於已有法律，比照其已定的罪名、刑罰等處斷，即因律無正條，故引律比附。其實質是將一條法規擴大適用於一種律條沒有明確涉及的，但卻被認為屬於該法規原則範圍之內的事實情況的推理，類似案件類似處理，有利於填補法律漏洞、消除法律盲點。

律學訓詁中，被稱為「比附」的法律解釋方法，大體相當於訓詁實踐中的類比法。

### 5.3.2.2 《唐律疏議》問答體疏證答式訓詁類比的內容

《唐律疏議》問答體疏證答式的訓詁，大量使用了訓詁類比法。應用體例上包括兩類：相似事實間的類比和相似推理間的類比。

一，相似事實間的類比，是指基於兩個或者兩類法律現象在一些屬性方面的相同或相近而推出它們在性質、罪名歸屬、刑罰處斷上的相同或相近。具體類比邏輯是：首先描述法無明文的具體案例，其次認定此案例與某案例或某條法律規定的事實相同或相似，最後推導出結論，即此案例之處斷辦法

與前此提及的案例或法律相同。

例 1：W71（T65，32）問曰：誤遺弩弓無箭，或遺箭無弩，或有楯而無矛，各得何罪？

答曰：「弓箭相須，乃坐。」弩箭無弓，與常箭不別。有弩弓無箭，亦非兵仗之限。楯則獨得無用，亦與有弓無箭義同。

按：「有楯無矛」與「有弓無箭」相類，因此處斷辦法相同。

例 2：W121（T294，69）又問：名例律云：「家人共犯，止坐尊長。」未知此文「和同相賣」，亦同家人共犯以否？

答曰：依例：「本條別有制，與例不同，依本條。」依文賣期親卑幼及兄弟、子孫、外孫之婦，賣子孫及己妾、子孫之妾，各有正條，被賣之人不合加罪，為其卑幼合受處分故也。其賣余親，各從凡人和略法；既同凡人為法，不合止坐家長。

按：「賣余親」與「凡人和略法」相類，因此處斷辦法相同。

例 3：W161（T372，101）問曰：前人不合捕攝，乃詐稱官捕，因而殺傷前人，或拒毆傷殺捕者，各合何罪？

答曰：詐捕攝人，已成凶狡，更加毆打傷殺情狀，彌所難原。前人既不相干，即當「故殺傷」法。若前人拒毆，殺傷捕者，名例云：「本應輕者，聽從本。」既不合捕，橫被執持，雖有殺傷，止同鬥殺。

按：案例「詐捕攝人，已成凶狡，更加毆打傷殺情狀，彌所難原」與「故殺傷」性質相同，因此比照故意殺人罪處罰。

二，相似推理間的類比，是指一個或一類法律現象的處斷與某個法條的規定在邏輯推理上具有相似性，其基本推理模式是：推理 B 與推理 A 之間具有某種邏輯上的相似性，推理 B 相關的行為也順著推理 A 的邏輯得出法律上的後果。

例 1：W37（T32，17）問曰：私鑄錢事發，所獲作具及錢、銅，或違法殺馬牛等肉，如此之類，律、令無文，未知合沒官以否？

答曰：其肉及錢，私家合有，準如律、令，不合沒官。作具及錢，不得仍用，毀訖付主，罪依法科。其鑄錢見有別格，從格斷。餘條有別格見行破律者，並准此。

按：「其鑄錢見有別格，從格斷」與「餘條有別格見行破律者」在邏輯推理上相同，因此處斷方法「並准此」。

例2：W75（T80，35）問曰：宿衛人以非應宿衛人冒名自代及代之者，入宮內，流三千里；殿內，絞。若未入宮、殿內事發，合得何罪？

答曰：以非應宿衛人自代，重於「闌入」之罪。若未至職掌之處，事發在宮、殿內，止依「闌入宮殿」而科。如未入宮門事發，律無正條，宜依「不應為重」，杖八十。其在宮外諸處冒代，未至職掌處，從「不應為輕」，笞四十。

按：案例「未入宮門事發」與「不應為重」、案例「在宮外諸處冒代，未至職掌處」與「不應為輕」在性質上同類，屬邏輯推理上的相類關係。

例3：W79（T120，38）又問：居期喪作樂及遣人作，律條無文，合得何罪？

答曰：禮云：「大功將至，辟琴瑟。」鄭注云：「亦所以助哀。」又云：「小功至，不絕樂。」喪服云：「古者有死於宮中者，即三月為之不舉樂。」況乎身服期功，心忘寧戚，或遣人作樂，或自奏管絃，既玷大猷，須加懲誡，律雖無文，不合無罪，從「不應為」之坐：期喪從重，杖八十；大功以下從輕，笞四十。總麻、卑幼，不可重於「釋服」之罪。

按：「居期喪作樂及遣人作」性質上屬於「不應為」，因此處斷辦法與此法條之規定相同。

### 5.3.2.3 《唐律疏議》問答體疏證答式訓詁類比法使用的訓釋程序語

《唐律疏議》問答體疏證答式使用訓詁類比法時，少數沒有使用明顯訓釋用語，只靠邏輯推理進行類比，多數都以表「遵照」、「依從」、「相同」等類推類的訓釋用語來顯示案例與所比附的法條之間的關係，有的使用幾種術語進行連環類推。使用頻率較高的術語有「準」、「從」、「依」、「同」、「與……同」等，這些訓釋程序語各出現十餘處。使用多種訓釋用語進行連環類比的答式，亦有十餘處。

例1：W153（T357，95）答曰：應賞在令有文，分賞元無等級，既為首從之法，須準律條論之，又不可徒、杖別作節文，約從杖一百之例：假如教人告杖一百罪虛，即告者為首，合杖一百；教令為從，合杖九十，即從者十分減一。應賞義亦準此。假有輕重不同，並準十分為例。

按：此答式使用訓釋程序語「準」表達類比關係。

例2：W54（T38，22）答曰：犯徒應加杖者，一等加二十，加至二百，當徒三年。乃至流刑，杖亦二百。即杖之流應減，在律殊無節文，比附刑名，

止依徒減一等，加杖一百八十。

　　按：此答式使用訓釋程序語「依」表達類比關係。

　　例 3：W77（T112，37）答曰：上條「稽緩制書」，注云：「膳制、敕、符、移之類皆是。」即明制、敕之義，輕重不殊。其奏抄御親畫聞，制則承旨宣用，御畫不輕承旨，理與制書義同。

　　按：此答式使用訓釋程序語「與……同」表達類比關係。

　　例 4：W102（T260，56）答曰：奴婢、部曲，身繫於主。主被人殺，侵害極深。其有受財私和，知殺不告，金科雖無節制，亦須比附論刑。豈為在律無條，遂使獨為僥倖。然奴婢、部曲，法為主隱，其有私和不告，得罪並同子孫。

　　按：此答式使用訓釋程序語「同」表達類比關係。

　　例 5：W118（T288，67）答曰：強之與竊，罪狀不同。案職制律：「貸所監臨財物，強者加二等，餘條強者準此。」諸親相盜，罪有等差。將人盜己家財物者，加私輒用財物二等，更無強盜之文，上明殺傷之坐：若殺傷罪重，從殺傷法科；如殺傷坐輕，即準「強者加二等」。此是一部通例，故條不別生文。

　　按：此答式使用訓釋程序語「從」、「準」進行多項類比。

　　例 6：W75（T80，35）答曰：以非應宿衛人自代，重於「闌入」之罪。若未至職掌之處，事發在宮、殿內，止依「闌入宮殿」而科。如未入宮門事發，律無正條，宜依「不應為重」，杖八十。其在宮外諸處冒代，未至職掌處，從「不應為輕」，笞四十。

　　按：此答式使用訓釋程序語「依」、「從」進行多項類比。

　　例 7：W81（T142，40）答曰：依律：「犯時不知，依凡論。」官人不知剩利之情，據律不合得罪。所為市者，雖不入己，既有剩利，或強賣買，不得無罪，從「不應為」，準官人應坐之罪：百杖以下，所市之人從「不應為輕」，笞四十；徒罪以上，從「不應為重」，杖八十。仍不得重於官人應得之罪。若市易已訖，官人知情，準「家人所犯知情」之法。

　　按：此答式三次使用訓釋程序語「從」、一次使用「準」表達多項類比關係。

　　例 8：W98（T257，54）答曰：據律：「劫囚者，流三千里；傷人及劫死囚者，絞；殺人者，皆斬。」據此律意，本為殺傷傍人。若有誤殺傷被劫之

因，止得劫囚之坐；若其誤殺父祖，論罪重於劫囚，既是因誤而殺，須依過失之法；其因竊囚過失殺傷他人者，下條云「因盜而過失殺傷他人者，以鬥殺傷論。至死者，加役流」。既竊囚之事類因盜之罪，其有過失，彼此不殊，殺傷人者，亦依鬥殺傷人論，應至死者從加役流坐。其有誤殺傷本法輕於「竊囚未得」者，即從重科。

按：此答式使用訓釋程序語「依」、「從」表達多項類比關係。

## 5.3.3 訓詁例證法

為使詮釋更具體、更明確、更具說服力，《唐律疏議》問答體疏證答式多處預設虛擬的案例對問式所涉問題進行訓釋，以使基層司法官員在處理具體案例時有例可參、有據可考。答式假設的案例與問式相關但不同。在進行例證時，多使用「假有」、「若」等程序語。

例1：答曰：律稱「家無兼丁」，本謂全無丁者。三人決放一人，即是家有丁在，足堪糧餉，不可更放一人。若一家四人徒役，決放二人，其徒有年月及尊卑不等者，先從見應役日少者決放；役日若停，即決放尊長。其夫妻並徒，更無兼丁者，決放其婦。

例2：W122（T295，70）答曰：知略、和誘、和同相賣而買之者，各減賣者罪一等；其略為部曲、客女，減為賤罪一等；為妻妾子孫，又減一等：即是從賤為妻妾減罪二等，通初買減三等。假有知略良為婢合絞，買為婢者減一等，買為客女減二等，娶為妻妾減三等。舉斯一節，即買余色減罪可知。

例3：W123（T297，71）答曰：盜者首出元謀，若元謀不行，即以臨時專進止為首。今奴婢之主既不元謀，又非行色，但以處分奴婢，隨盜求財。奴婢之此行，由主處分，今所問者，乃是他人元謀，主雖驅使家人，不可同於盜者元謀。既自有首，其主即為從論，計入奴婢之贓，準為從坐。假有奴婢逐他人，總盜五十疋絹，奴婢分得十疋，奴婢為五十疋從，徒三年；主為十疋從，合徒一年之類。

例4：W137（T333，83）答曰：毆見受業師，加凡人二等，先有官品，亦從品上累加。若鬥毆無品博士，加凡人二等，合杖六十；九品以上，合杖八十；若毆五品博士，亦於本品上累加之。

例5：W172（T465，112）答曰：本罪不合囚禁，枉被官人禁留，雖即逃亡，不合與囚亡之罪；若有拒捍殺傷，止同故殺傷法。私竊逃亡，同在家逃亡之罪。若判案禁者，雖本無罪，亦同囚例。

## 5.3.4 訓詁比較法

在談到詞義訓詁時，王寧（1996）提到了「比較互證法」，即「運用詞義本身的內在規律，通過詞與詞之間意義的關係和多義詞諸義項的關係對比，較其異，證其同，達到探求和判定詞義的目的，這種訓詁方法，可以稱作『比較互證』。」與比較互證這種傳統訓詁方法相類，律學訓詁也經常使用比較法訓釋不同案例或複雜情況，以達到準確、明晰判定性質、罪名、刑罰的目的。律學訓詁裏的比較是比較兩項或兩項以上相關的疑難、複雜案例，或者兩種不同的處斷方法，從對比中判明異同，比較優劣，以確定最終的合理的公允的處斷辦法。律學訓詁比較法沒有明顯訓釋程序語。

例 1：W76（T94，36）問曰：二日以上，日別常向曹司，曹司點檢，每點不到。若科無故不上，即是日別常來；若以累點科之，罪又重於不上。假有十日之內，日別皆來，每點不到，欲科何罪？

答曰：八品以下，頻點不到，便是已發更犯，合重其事，累點科之。如非流內之人，自須當日決放。初雖累點罪重，點多不至徒刑；計日不上初輕，日多即至徒坐。所以日別上者據點，全不來者計日。以此處斷，實允刑名。

按：此答式比較「八品以下，頻點不到，便是已發更犯，合重其事，累點科之」與「計日不上」兩種不同處斷方法，以確定公允處斷。

例 2：W131（T315，78）問曰：皇家袒免親，或為佐職官，或為本屬府主、刺史、縣令之祖父母、父母、妻、子，或是己之所親，若有犯者，合遞加以否？

答曰：皇家親屬，為尊主之敬，故異餘人。長官佐職，為敬所部。尊敬之處，理各不同。律無遞加之文，法止各從重斷。若己之親，各準尊卑服數為罪，不在皇親及本屬加例。

按：此答式比較「皇家親屬，為尊主之敬」與「長官佐職，為敬所部」兩項法律內容的不同，以此表明處斷辦法相異的原因。

## 5.3.5 綜合運用多種訓詁方法

《唐律疏議》問答體疏證部分答式綜合運用多種訓詁方法進行訓釋，以利於解決複雜、疑難問題。

例 1：W81（T142，40）答曰：依律：「犯時不知，依凡論。」官人不知剩利之情，據律不合得罪。所為市者，雖不入己，既有剩利，或強賣買，不得

無罪，從「不應為」，準官人應坐之罪：百杖以下，所市之人從「不應為輕」，笞四十；徒罪以上，從「不應為重」，杖八十。仍不得重於官人應得之罪。若市易已訖，官人知情，準「家人所犯知情」之法。

按：此答式開端以「依律」徵引律條訓釋，接著以「從」、「準」引出多項類比，判定同一性質的犯罪因情節輕重不同而有所差異的具體處置辦法，綜合運用訓詁引據法與訓詁類比法進行解析。

例2：W52（T38，22）答曰：律稱「獲半以上首者，皆除其罪」，甲乙共亡者，甲能獲乙，逃罪已盡，更無亡人，獲半尚得免辜，況其逃亡全盡，甲合從原。假有十人合死，俱共逃亡，五人捕得五人，亦是首、獲相半。既開首捕之路，此類各合全免。

按：此答式開端以「律稱」徵引律條訓釋，後以例證具體解析，綜合運用訓詁引據法與訓詁例證法進行訓釋。

# 5.4　小　結

為使法條內容更清晰、明確、突出，以準確傳達立法者的意圖，便於司法者在司法實踐中能夠正確理解和使用法律，現代法典均呈現出行文格式的高度程式化特點。立法者遵照一定的立法方針，採用一定的立法技術安排法典的結構與行文，這種程式化是保證法律莊嚴神聖的性質、嚴謹縝密的邏輯、清晰準確的規範得以最充分實現的必要手段。考察《唐律疏議》的行文格式，我們驚訝地發現，作為1300多年前頒行的封建法典，在行文格式上亦體現出了高度程式化的特點，表明唐初高超的立法技術。《唐律疏議》問答體疏證的問式常見訓釋程序有四種，常用的訓釋程序語包括：1. 以術語「假（脫）有」引出虛擬的疑難案例；2. 在術語「合……以否」、「（得）同……以否」之間插入推定的處斷方法；3. 以「未知」引出推定、擬議的處斷方法；在術語「（亦）合……（以）否」、「（并、得、亦）同……以否」、「得……（以）否」、「（有）……（以）否」之間插入推定的罪名、罪行、刑罰等；4. 以「律（文、條）云＋律文」或「注云＋注文」等形式徵引證據；5. 以術語「合科（當、得）何罪」、「各有何罪」、「各合何罪」、「若為處分」等詢問具體的處斷方法。這些訓釋程序語多數都是律學訓詁獨有的，體現了專科訓詁訓釋用語使用的獨特性。

答式的律學訓詁方法以引據法、類比法、例證法為多，有的綜合運用多

種訓釋方法對疑難案例進行罪名與刑罰的判定，與傳統經學訓詁注重詞義訓詁不盡相同，體現了法律專科訓詁的特點。使用引據法時，徵引範圍多為內證，即本部法典法條之規定，外證相對較少，這與律學訓釋的權威性與法律效力相適應。「引經注律」、「以禮入法」現象的存在，表明儒家思想對專科訓詁的影響同樣非常強大。訓釋過程中使用的訓釋程序語較為嚴整與穩定，以「從」、「準」、「依」、「同」、「與……同」居多，有的答式綜合運用多種訓釋用語。

我們對《唐律疏議》問答體疏證問式與答式的行文格式、律學訓詁方法與訓釋術語的探索剛剛起步，對很多問題的認識還是粗淺的與表層的，還有待繼續發掘、歸納與整理，並需要進一步調整、充實與完善，以作系統、規律的總結。借鑒現代語言學理論及相關專業理論，如西方解釋學理論，從中汲取營養，在碰撞交融中獲得啟示，以對傳統專科訓詁的程序、方法、術語等訓詁實踐進行再認識，將有助於訓詁研究的現代化。

# 第6章　結　論

　　關於訓詁學的發展方向很多學者都高瞻遠矚，提出了卓有見地的主張。近代訓詁學家黃侃被認為第一個建立了訓詁學的早期理論體系，他站在現代語言學高度看待傳統小學，把訓詁界定為「用語言解釋語言之謂」，這樣就把舊訓詁學由解經說字的狹小範疇擴大到研究古今語言及其應用的廣闊領域。「在他的《訓詁學講詞》（未刊稿）和黃焯編撰的《文字聲韻訓詁筆記》中，可以看出黃侃對訓詁學的對象、範圍和目的作了科學的闡發，而且高瞻遠矚，指明了今後訓詁學發展的方向。比如他區分『本有之訓詁與後起之訓詁』、『獨立之訓詁與隸屬之訓詁』、『說字之訓詁與解文之訓詁』兩種訓詁的界限，對訓詁學研究和應用都有指導意義。」（李建國 2002）黃侃的訓詁理論和主張對現代訓詁學的發展產生了深遠的影響，開闊了現代學者的視野。如郭在貽（1986）認為，今天的訓詁學研究應具有獨創性與實用性，「所謂獨創性，就是說不要照抄前人的研究成果，而是要從今天的實際情況出發，為訓詁學開闢新的研究領域，提出新的研究課題，總結新的理論和經驗；所謂實用性，就是說要把訓詁學從『經學附庸』的舊框子裏解放出來，使之為今天的語文教學、古籍整理和辭書編纂等工作服務。」陸宗達、王寧（1994）指出：「我們今天要發展訓詁科學，已經有了一個與過去完全不同的目的，那就是要讓它充當為發展其他科學而閱讀古代文獻時的工具，讓它為發展科學的漢語詞義學開路，讓它為提高整個民族的文化水平服務。」

　　訓詁學是實證科學，很多有關詞彙、語義、章句、結構等的真知灼見以及特殊的體式、方法的運用散見在卷帙浩繁的古代典籍文獻的訓釋之中，亟待發掘與整理，以期建立系統的科學的訓詁學理論體系。關於科學的、完善的訓詁

學理論體系的建立我們至今仍然有許多工作需要去做，其中很重要的一個方面就是要拓展研究視域，傳統訓詁學的研究範圍比較狹窄，往往侷限於上古經傳和諸子，律學訓詁及其他專科領域的訓詁實踐還很少有人問津，成果相對較少。專科應用訓詁的內容、方法、程序、用語等的特點亟待進一步發掘與整理，專科訓詁與經學訓詁在研究內容及研究方法上的異同也亟需進一步歸納與總結。所以現代訓詁學研究的關注範圍應不斷延伸與擴大，應從各類古代典籍文獻的訓釋中尋找更多的證例，發掘更多的現象，總結更多的規律，建立更完善的體系。

　　本文的研究對象為法律專科訓詁。中國古代法律解釋的基本手段是訓詁，《唐律疏議》是律學訓詁的典範性著作，訓釋內容系統、縝密、詳盡，訓詁體式明確、恰切、規範。《唐律疏議》訓釋的內容非常全面，疏文逐句逐條析解術語、闡明律義、敘述法理，並自設問答、辨異析疑，使律注內涵明晰、準確、具體，可操作性強。訓詁體式上，以總體篇章結構的精心編排與義疏體訓詁、問答體訓詁的配合使用共同完成對內容的訓釋。義疏體訓詁與問答體訓詁是《唐律疏議》主要採用的訓詁方式，在疏文中具體體現為直接疏解與問答疏解兩種形式，「議曰」部分為直接疏解，疏解內容主要為法律術語、律注含義，訓釋程序、用語、方法的使用自覺、規範、成體系。「問答」部分以「問曰」假設司法實踐中之疑難案例，以「答曰」就罪名歸屬、罪狀描述、法定刑等級、立法原則、法律思想做出明確處斷與解讀。問答體疏證是律學訓詁重要的訓釋方法，由秦至明清，都有用例。

　　我們首先分析了《唐律疏議》問答體疏證問式與答式的語篇結構，178處問答體疏證，問式與答式的整體結構有單句、複句、句群三種類型。問式複句結構與句群結構占問式的98.9%，答式句群結構占答式的93.3%，問式與答式以複雜語篇結構為主，表明法典語篇結構負載的信息量較普通語篇為大，同時答式結構較問式複雜，這與答式的應答性質有關。問式句類有祈使句、陳述句、疑問句三種。疑問句（184）均為有疑而問的詢問句，只有兩處句末使用語氣詞的用例，正反問句（87）的數量遠遠多於選擇問句（8）的數量，均為「動詞性成分＋否定詞」的形式，否定副詞「以否」（76）的用例遠遠多於「否」（11）的用例，這與一般認為「以否」的大量使用主要出現在晚唐五代略有差異。特指問句（87）疑問代詞的使用較為集中，多數使用體詞性疑問代詞「何」（62），「何」做介詞賓語時前置，做動詞賓語時未

前置，前置與後置呈現出並存共用的格局，說明此期疑問句的語序正處於發展變化過程之中。

　　問答體疏證的會話性質為我們應用現代語用學理論探討其語境特點、會話合作原則與會話結構提供了切入點。問答體疏證是虛擬的對話，語境是話語交際的伴隨因素，沒有脫離具體的語境而孤立存在的語言現象，法律語境下的法律語言，其語篇模式、話語類型、言語形式等都呈現較為獨特的一面，因此我們應用語用學的語境理論首先探討《唐律疏議》問答體疏證的語境特點，並運用著重關注會話研究的會話合作原則與會話分析理論對問答體疏證的話語特點進行嘗試性探討。問答體疏證多數問答完全遵守合作原則，屬於完全合作的話語交際，部分違反量準則，但其法律語境下的「言外之意」是為了更好地遵守合作原則，保證質準則實現的最優化，使合作更具語效力。應用會話分析理論分析唐律法律問答的結構，發現法律問答話輪的言語形式較為複雜，為實踐質準則應答話輪遠比引發話輪承擔的語言交際功能複雜；所有話輪交接形式均為完成話輪，無空隙、無重疊；話輪對結構為「詢問—回答」式相鄰語對，相鄰的引發語與應答語依次有序排列，組成毗鄰雙部式，沒有嵌入，無需糾偏。

　　我們重點從微觀角度深入問答體疏證內部探討其訓詁特點。以往對問答體疏證的研究僅就其與「議曰」這種義疏體訓詁配合使用的宏觀訓詁功用略有提及，我們的研究則將重點放在問答體疏證內部，從微觀角度重點分析問式提出疑難問題時的行文格式、訓釋用語，以及答式在對問式提出的問題進行疏解時使用的具體的訓詁方法、訓釋用語以及行文程序。我們認為，《唐律疏議》問答體疏證訓釋內容的法律專科特點（訓釋罪名、罪狀、法定刑的歸屬、處斷）、問式與答式行文的高度程式化特點、部分訓釋用語的獨特性（「何科何罪」、「若為科斷」等用語的使用），都體現了律學訓詁這種專科應用訓詁的特殊性。

　　我們主要運用訓詁學、漢語歷史語法學、漢語歷史詞彙學、法律語言學及現代語用學理論探討《唐律疏議》問答體疏證的特點，兼及《唐律疏議》整部法典的訓詁，特別是我們借鑒西方現代語言學的理論與方法，應用現代語用學中的語境、會話合作原則、會話分析等理論探討唐律問答體疏證問答的語境特點、會話合作原則的實踐以及會話結構等，這是一個新的嘗試，也是有意義的嘗試，期待會對傳統訓詁研究提供些許啟示。

　　對《唐律疏議》問答體疏證的研究還有一些問題沒有得到徹底解決，如問答體疏證的沿革演變，因為資料缺乏，有的部分的探討是不連貫、不深入的；對問答體疏證微觀的訓釋方法與訓釋程序等的探索與界定還未盡如人意。今後我們將力爭發掘更多的資料，爭取研究的更加深入與全面。另外運用現代語用學的一些理論探討《唐律疏議》的問答體疏證，只是我們應用現代語言學理論的一個初步嘗試，還顯得非常粗淺，今後的研究將繼續深入，並探索將更多的現代語言學理論恰當地應用到《唐律疏議》問答體疏證及其他訓詁體式的研究中去。相信隨著資料的發掘、探討的深入，對唐律問答體疏證以及唐律其他部分的訓詁研究將更趨完善與準確。

　　另外限於篇幅，本文對「議曰」部分的訓詁特點只作了初步的探討。「議曰」部分是《唐律疏議》律疏的主體部分，與「問答」一起共同承擔整部法典的訓釋任務，「議曰」著重立法解釋，「問答」側重司法解釋。「議曰」部分對律文與注文逐詞、逐句、逐條進行解釋，析解內涵、疏通文義、敘述法理，承擔了這部法典主體的訓釋任務，「問答」也辨析法律術語，但多為疑難案例的解析，對複雜紛紜的疑難案例明晰罪名、罪狀與法定刑，有時闡明法律思想。經初步觀察，我們發現「議曰」部分與「問答」部分一樣，在訓釋時都有較為嚴整、固定的程序，訓釋用語的使用也較為規律，也使用了多種訓釋方法。本文對「議曰」部分的訓釋用語、訓釋程序和方法只作了初步的簡單的歸納，沒有進行窮盡式的定量分析，對訓詁方法的具體使用也沒有進行深入細緻的探究。下一步我們將重點探討《唐律疏議》「議曰」部分的訓詁，深入研究其具體的訓釋內容，明確其訓詁方法、程序、術語的使用。相信隨著研究的深入，我們對《唐律疏議》的法律專科應用訓詁特點與規律的探討會越來越完善、科學、系統。

# 參考文獻

## 一、古籍文獻

1. （唐）長孫無忌等撰，劉俊文點校，唐律疏議〔M〕，北京：法律出版社，1999。

2. （宋）孫奭編撰，律‧音義〔M〕，上海：上海古籍出版社，1984。

3. （宋）竇儀等撰，薛梅卿點校，宋刑統〔M〕，北京：法律出版社，1999。

4. （明）懷效鋒點校，大明律〔M〕，北京：法律出版社，1999。

5. （明）雷夢麟撰，懷效鋒等點校，讀律瑣言〔M〕，北京：法律出版社，2000。

6. （清）王明德撰，懷效鋒等點校，讀律佩觽〔M〕，北京：法律出版社，2001。

7. （清）沈家本撰，鄧經元、駢宇騫點校，歷代刑法考〔M〕，北京：中華書局，1985。

## 二、學術專著

1. 曹漫之，唐律疏議譯注〔M〕，長春：吉林人民出版社，1989。

2. 程湘清，漢語史專書複音詞研究〔M〕，北京：商務印書館，2003。

3. 杜金榜，法律語言學〔M〕，上海：上海外語教育出版社，2004。

4. 方一新，訓詁學概論〔M〕，杭州：江蘇教育出版社，2008。

5. 馮春田，近代漢語語法研究〔M〕，濟南：山東教育出版社，2000。

6. 富金壁，訓詁學說略〔M〕，武漢：湖北人民出版社，2003。

7. 高潮、馬建石主編，中國歷代刑法志注譯〔M〕，長春：吉林人民出版社，1994。

8. 桂詩春、寧春岩，語言學方法論〔M〕，北京：外語教學與研究出版社，1997。

9. 郭在貽，訓詁學〔M〕，長沙：湖南人民出版社，1986。

10. 何樂士，史記語法特點研究〔M〕，北京：商務印書館，2005。

11. 何勤華編，律學考〔M〕，北京：商務印書館，2004。

12. 何兆熊，新編語用學概要〔M〕，上海：上海外語教育出版社，2000。

13. 洪誠，訓詁學〔M〕，杭州：江蘇古籍出版社，1984。

14. 胡樸安，中國訓詁學史〔M〕，北京：商務印書館，1939。

15. 胡裕樹，現代漢語〔M〕，上海：上海教育出版社，1981。

16. 黃伯榮、廖序東，現代漢語〔M〕，北京：高等教育出版社，1991。

17. 黃侃述，黃焯編次，文字聲韻訓詁筆記〔M〕，上海：上海古籍出版社，1983。

18. 黃孝德、羅邦柱，訓詁學初稿〔M〕，武漢：武漢大學出版社，2007。

19. 吉仕梅，秦漢簡帛語言研究〔M〕，成都：巴蜀書社，2004。

20. 姜望琪，當代語用學〔M〕，北京：北京大學出版社，2003。

21. 蔣紹愚，古漢語詞彙綱要〔M〕，北京：商務印書館，2005。

22. 蔣紹愚，漢語詞彙語法史論文集〔M〕，北京：商務印書館，2000。

23. 蔣紹愚，近代漢語研究概況〔M〕，北京：北京大學出版社，1994。

24. 金立，合作與會話〔M〕，北京：中國社會科學出版社，2005。

25. 李建國，漢語訓詁學史〔M〕，上海：上海辭書出版社，2002。

26. 李美霞，話語類型研究〔M〕，北京：科學出版社，2007。

27. 李無未，音韻文獻與音韻文存〔M〕，長春；吉林文史出版社，2005。

28. 李無未，漢語音韻學通論〔M〕，北京：高等教育出版社，2006。

29. 李振宇，法律文獻學〔M〕，北京：中國檢察出版社，2005。

30. 李振宇，法律語言學史〔M〕，北京：中國經濟出版社，2008。

31. 李振宇，法律語言學新說〔M〕，北京：中國檢察出版社，2006。

32. 李佐豐，古代漢語語法學〔M〕，北京：商務印書館，2005。

33. 李佐豐，上古漢語語法研究〔M〕，北京：北京廣播學院出版社，2003。

34. 劉丹青主編，語言學前沿與漢語研究〔M〕，上海：上海教育出版社，2005。

35. 劉紅嬰，法律語言學〔M〕，北京：北京大學出版社，2007。

36. 劉虹，會話結構分析〔M〕，北京：北京大學出版社，2004。

37. 劉景農，漢語文言語法〔M〕，北京：中華書局，1994。

38. 劉俊文，唐律疏議箋解〔M〕，北京：中華書局，1996。

39. 劉運同，會話分析概要〔M〕，上海：學林出版社，2007。

40. 柳士鎮，魏晉南北朝歷史語法〔M〕，南京：南京大學出版社，1992。

41. 路廣正，訓詁學通論〔M〕，天津：天津古籍出版社，1996。

42. 陸忠發，現代訓詁學探論〔M〕，杭州：浙江大學出版社，2008。

43. 陸宗達、王寧，訓詁與訓詁學〔M〕，太原：山西教育出版社，1994。

44. 呂明臣，話語意義的建構〔M〕，長春：東北師範大學出版社，2005。

45. 呂叔湘，中國文法要略〔M〕，北京：商務印書館，1982。

46. 馬小紅，禮與法〔M〕，北京：經濟管理出版社，1997。

47. 毛遠明，訓詁學新編〔M〕，成都：巴蜀書社，2001。

48. 潘慶雲，跨世紀的中國法律語言〔M〕，上海：華東理工大學出版社，1997。

49. 潘慶雲，中國法律語言鑒衡〔M〕，上海：漢語大辭典出版社，2004。

50. 錢大群，唐律疏義新注〔M〕，南京：南京師範大學出版社，2007。

51. 錢大群，唐律研究〔M〕，北京：法律出版社，2000。

52. 饒宗頤，梵學集〔M〕，上海：上海古籍出版社，1993。

53. 邵敬敏，現代漢語疑問句研究〔M〕，上海：華東師範大學出版社，1996。

54. 史秀菊，語境與言語得體性研究〔M〕，北京：語文出版社，2004。

55. 孫愛玲，紅樓夢對話研究〔M〕，北京：北京大學出版社，1997。

56. 孫懿華，法律語言學〔M〕，長沙：湖南人民出版社，2006。

57. 孫雍長，訓詁原理〔M〕，北京：語文出版社，1997。

58. 太田辰夫，中國語歷史文法〔M〕，蔣紹愚，徐昌華（譯），北京：北京大學出版社，1987。

59. 湯用彤，漢魏晉南北朝佛教史〔M〕，北京：中華書局，1983。

60. 唐子恒，文言語法結構通論〔M〕，濟南：山東大學出版社，2000。

61. 涂記亮，英美語言哲學概論〔M〕，北京：人民出版社，1988。

62. 王東海，古代法律詞彙語義系統研究——以《唐律疏議》為例〔M〕，北京：中國社會科學出版社，2007。

63. 王冬竹，語境與話語〔M〕，哈爾濱：黑龍江人民出版社，2004。

64. 王海棻，古代疑問詞語用法詞典〔M〕，浙江教育出版社，1992。

65. 王虹，戲劇文體分析——話語分析的方法〔M〕，上海：上海外語教育出版社，2006。

66. 王潔，法律語言研究〔M〕，廣州：廣東教育出版社，1999。

67. 王力，古代漢語〔M〕，北京：中華書局，1999。

68. 王力，漢語史稿〔M〕，北京：中華書局，2004。

69. 王立民，唐律新探〔M〕，北京：北京大學出版社，2007。

70. 王寧，訓詁學原理〔M〕，北京：中國國際廣播出版社，1996。

71. 王啟濤，魏晉南北朝語言學史論考〔M〕，成都：巴蜀書社，2001。

72. 王啟濤，中古及近代法制文書語言研究〔M〕，成都：巴蜀書社，2003。

73. 魏德勝，《睡虎地秦墓竹簡》語法研究〔M〕，北京：首都師範大學出版社，2000。

74. 魏德勝，《睡虎地秦墓竹簡》詞彙研究〔M〕，北京：華夏出版社，2003。

75. 謝暉，中國古典法律解釋的哲學向度〔M〕，北京：中國政法大學出版社，2005。

76. 邢福義，漢語複句研究〔M〕，北京：商務印書館，2001。

77. 徐超，中國傳統語言文字學〔M〕，濟南：山東大學出版社，2000。

78. 徐望駕，《論語義疏》語言研究〔M〕，北京：中國社會科學出版社，2006。

79. 許仰民，古漢語語法新編〔M〕，鄭州：河南大學出版社，2001。

80. 薛梅卿，宋刑統研究〔M〕，北京：法律出版社，1997。

81. 嚴辰松、高航，語用學〔M〕，上海：上海外語教育出版社，2005。

82. 楊延福，唐律初探〔M〕，天津：天津人民出版社1982年版。

83. 葉孝信主編，中國法制史〔M〕，上海：復旦大學出版社，2003。

84. 俞榮根、龍大軒、呂志興編著，中國傳統法學述論〔M〕，北京：北京大學出版社，2005。

85. 袁賓、徐時儀等編著，二十世紀的近代漢語研究〔M〕，太原：書海出版社，2001。

86. 袁賓，近代漢語研究概論〔M〕，上海：上海教育出版社，1992。

87. 張永言，訓詁學簡論〔M〕，武漢：華中工學院出版社，1985。

88. 張玉金，西周漢語語法研究〔M〕，北京：商務印書館，2004。

89. 趙克勤，古代漢語詞彙學〔M〕，北京：商務印書館，2005。

90. 鄭顯文，唐代律令制研究〔M〕，北京：北京大學出版社，2004。

91. 周大璞，訓詁學要略〔M〕，武漢：湖北人民出版社，1984。

92. 周禮全，邏輯——正確思維和有效交際的理論〔M〕，北京：人民出版社，1994。

93. 左思民，漢語語用學〔M〕，鄭州：河南人民出版，2000。

## 三、學術論文

1. 曹聰孫，論類推法在語言和語言學中的作用〔J〕，天津師大學報，1985（4）：90～94。

2. 崔大華，論經學之訓詁〔J〕，中國文化研究，1996（12）：1～8。

3. 鄧海榮，《〈唐律〉詞語箚記》〔J〕，古漢語研究，2002（1）：93～94。

4. 鄧海榮，唐《律》法律用語例釋（一）〔J〕，重慶商學院學報，1999（5）。

5. 鄧海榮，唐《律》法律術語考釋〔J〕，西南民族大學學報，2003（9）：306～309。

6. 丁俊苗，《醒世姻緣傳》複句研究〔D〕，蘭州：西北師範大學文學院，2003。

7. 董志翹、王東，中古漢語語法研究概述〔J〕，南京師範大學文學院學報，2002（2）：148～162。

8. 董志翹，《唐律疏議》詞語考釋〔J〕，古籍整理研究學刊，2003（1）：71～77。

9. 董志翹，《唐律疏議》詞語雜考〔J〕，南京師範大學學報，2002（4）：174～182。

10. 董志翹，訓詁學與漢語史研究〔J〕，語言研究 2005（6）：16～20。

11. 杜敏，訓詁學與解釋學之比較——兼及訓詁學當代發展的途徑〔J〕，陝西師範大學學報 2003（6）：38～44。

12. 方漢文，中國傳統考據學與西方闡釋學〔J〕，安徽師範大學學報，2003（7）：380～383。

13. 馮春田，秦墓竹簡選擇問句分析〔J〕，語文研究，1987（1）：28～29。

14. 馮春田，試論疑問代詞「若為」、「若箇」的來源〔J〕，語言科學，2008（6）：573～579。

15. 馮煒，《唐律疏議》問答體疏證特指問句探析〔J〕，長春師範學院學報，2010（6）：120～123。

16. 馮玉濤、郭常娟，關於訓詁的體式、體例、條例、方法和方式——目前訓詁學著作中相關問題之比較分析〔J〕，華僑大學學報，2010（1）：109～117。

17. 傅惠均，關於正反問歷史發展的幾個問題〔J〕，古漢語研究，2006（1）：67～73。

18. 高漢成，也談中國古代律典的性質和體例——以《唐律疏議》和《大清律例》為中心〔J〕，上海交通大學學報，2003（5）：25～30。

19. 高積順、張東華，唐律十二篇體例研究〔C〕，法律史論集（第五卷），北京：法律出版社，2004：318～333。

20. 宮紅英，從文章注釋看訓詁學的應用〔J〕，河北學刊，2007（5）：216。

21. 管錫華，論注釋與訓詁和古籍整理研究的關係〔J〕，安徽教育學院學報，1994（2）：58～62。

22. 韓格平，訓詁學能否演進為中國古典注釋學〔J〕，古籍整理研究季刊，1989（5）：42～46。

23. 何勤華，秦漢律學考〔C〕律學考，北京：商務印書館，2004：33～58。

24. 何勤華，唐代律學的創新及其文化價值〔J〕，政治與法律，2000（3）：52～58。

25. 懷效鋒，中國傳統律學述要〔J〕，華東政法學院學報，1998 創刊號：4～7。

26. 蔣紹愚，關於漢語史研究的幾個問題〔C〕，漢語史學報（第5輯），上海：上海教育出版社，2005。

27. 靳焱、倪蘭，疑問代詞研究綜述〔J〕，中南民族大學學報，2003（8）：173～275。

28. 李廣成，《唐律疏議》的法律解釋方法論析〔J〕，求索，2004（4）：116～143。

29. 李思明，正反選擇問句中否定詞發展初探〔J〕，安慶師範學院學報，1984（1）：83～90。

30. 李無未、邱宏香，漢語史研究基本理論範疇問題〔J〕，吉林大學社會科學學報，2006（3）：99～103。

31. 李無未、馮煒，《滿洲土語研究》與20世紀30年代的東北方言〔J〕，東疆學刊，2010（2）：58～65。

32. 李亞明，論傳統訓詁學的現代化〔J〕，北方論叢，1995（4）：103～106。

33. 李亞明，訓詁學研究方法的繼承與創新〔J〕，古籍整理研究學刊，1995（6）：13～27。

34. 李炎，《醒世姻緣傳》正反疑問句研究〔J〕，古漢語研究，2003（3）：57～61。

35. 李振宇，中國法律語言學研究的思考〔C〕，法律・語言・語言的多樣性，北京：法律出版社，2006：182～193。

36. 廖美珍，問答：法庭話語互動研究〔D〕，北京：中國社會科學院研究生院，2002。

37. 劉富華、呂文傑，內化的「體操」——論言語輸出的作用及其應用〔J〕，北方論叢，2005（4）：50～54。

38. 劉開驊，選擇問句疑問語氣詞脫落的歷時軌跡與內在動因〔J〕，合肥師範學院學報，2008（5）：19～23。

39. 劉開驊，中古新生疑問代詞「如」、「若」、「若為」及其來源〔J〕，浙江師範大學學報，2006（1）：35～39。

40. 劉子瑜，敦煌變文中的選擇疑問句式〔J〕，古漢語研究，1994（4）：53～58。

41. 劉子瑜，漢語反覆問句的歷史發展〔C〕，第二屆國際古漢語語法研討會論文，北京：1996，收入《古漢語語法論集》，語文出版社，1998。

42. 劉子瑜，漢語反覆問句的歷史發展〔C〕，郭錫良主編《古漢語語法論集》，北京：語文出版社，1998。

43. 劉子瑜，漢語選擇問句歷史發展研究述評〔C〕，漢語史學報（第5輯），上海：上海教育出版社，2005。

44. 柳士鎮，劉開驊，《中古漢語疑問句研究》序〔J〕，南京師範大學文學院學報，2006（4）：186～188。

45. 龍大軒，漢代律章句學考論〔D〕，重慶：西南政法大學行政法學院，2006。

46. 潘德榮，文字與解釋——訓詁學與詮釋學比較〔J〕，學術月刊，1996（2）：29～35。

47. 冉啟斌，《唐律疏議》詞彙特點及價值舉說〔J〕，殷都學刊，2001（2）：96～98。

48. 冉啟斌，《唐律疏議》詞彙研究〔D〕，成都：四川大學文學院，2002。

49. 任勝國，類比釋義的語義關係及類比的原則與範疇〔J〕，煙臺師範學院學報，1995（4）：60～63。

50. 師棠，律學衰因及其傳統評價〔C〕，律學考，北京：商務印書館，2004：523～528。

51. 宋永培，訓詁方法新論〔J〕，華東師範大學學報，1998（4）：82～88。

52. 孫尚勇，經學章句與佛經科判及漢魏六朝文學理論〔J〕，西北大學學報，2009（4）：19～23。

53. 湯一介，論創建中國解釋學問題〔J〕，學術界，2001（4）：97～113。

54. 王寶利，再論章句與章句之學〔J〕，社會科學論壇，2007（8 下）：178～182。

55. 王德傑、王士廣，反覆問句的歷時探討〔J〕，現代語文，2007（6）：31～33。

56. 王海棻、鄒曉麗，古漢語反覆問句源流探查〔J〕，煙臺師範學院學報，1991（4）：81～94。

57. 王宏治，《唐律疏議》與經學的關係探究〔C〕，法律文化研究，2008 年第四輯。

58. 王彥坤，試談訓詁方法的發展〔J〕，語文研究，2006（4）：7～10。

59. 吳長安、柳英綠，公理觀念下漢語語法體系的建立〔J〕，吉林大學社會科學學報 2007（3）：133～138。

60. 吳福祥，漢語歷史語法研究的檢討與反思〔C〕，漢語史學報（第 5 輯），上海：上海教育出版社，2005：13～37。

61. 武樹臣，中國古代的法學、律學、吏學和讞學〔C〕，律學考，北京：商務印書館，2004：9～20。

62. 相玉玲，選擇疑問句的歷時研究〔D〕，蘭州大學文學院，2008。

63. 謝暉，中國古典法律解釋的方法智慧——關注解釋的合法性〔J〕，政法論壇，2005（7）：73～87。

64. 邢福義，現代漢語的特指性是非問〔J〕，語言教學與研究，1987（4）：73～90。

65. 熊學亮，語用學和認知語境〔J〕，外語學刊，1996（3）：1～7。

66. 徐正考，清代漢語選擇疑問句系統〔J〕，吉林大學社會科學學報，1996（5）：70～75。

67. 徐正考，唐五代選擇疑問句初探〔J〕，吉林大學社會科學學報，1988（2）：72～76。

68. 許嘉璐，關於訓詁學方法的思考〔J〕，北京師範大學學報，1988（3）：20～24。

69. 許嘉璐，論訓詁學的性質及其他〔J〕，湖南師範大學學報，1986 年增刊（古漢語專輯）。

70. 楊冰郁、郭芹納，關於「訓詁學」未來走向的一題三問〔J〕，求索，2008（1）：175～177。

71. 楊權，論章句與章句之學〔J〕，中山大學學報，2002（4）：81～89。

72. 楊郁，《經傳釋詞》引據法研究〔J〕，瓊州大學學報，1994（1）：90～96。

73. 姚繼舜，訓詁方法之我見〔J〕，解放軍外語學院學報，1992（3）：55～60。

74. 葉建軍，《祖堂集》中複句式疑問句〔J〕，北方論叢，2010（3）：56～59。

75. 於群，訓詁學實用性研究〔D〕，成都：首都師範大學文學院，2009。

76. 曾堅，中國古代法律注釋與當代法律解釋學的差異〔J〕，貴州社會科學，2008（12）：111～115。

77. 張伯元，問答式律注考析〔J〕，法制與社會發展，1999（5）：61～67。

78. 張伯元，《唐律》律注文獻校考〔C〕，中國古代法律文獻研究（第二輯）北京：中國政法大學出版社，2004：145～159。

79. 張晉藩，清代私家注律的解析〔C〕，律學考，北京：商務印書館，2004：452～477。

80. 張梓太，論《唐律》篇章體例結構的完備性〔J〕，學海，1993（2）：59～61。

81. 趙誠，訓詁學回顧與展望〔J〕，古漢語研究，1998（4）：2～10。

82. 周大琳、高樂，古漢語選擇問句研究概述〔J〕，現代語文，2008（7）：26～27。

83. 周復綱，論訓詁考證法〔J〕，貴州教育學院學報，1991（4）：41～47。

84. 周復綱，論訓詁引據法〔J〕，貴州教育學院學報，1992（1）：23～30。

85. 周復綱，論訓詁統計法〔J〕，貴州教育學院學報，1993（2）：36～43。

86. 周復剛，論訓詁類比法〔J〕，貴州教育學院學報，2000（5）：60～65。

87. 周光慶，戴震，《孟子》解釋方法論〔J〕，孔子研究，1998（4）：91～103。

88. 周光慶，二十世紀訓詁學研究的得失〔J〕，華中師範大學學報，1999（3）：32～44。

89. 周生亞，說「否」〔J〕，中國語文，2004（2）：150～160。

90. 祝敏徹，漢語選擇問、正反問的歷史發展〔J〕，語言研究，1995（2）：117～122。

91. 林霞，傳統訓詁學的釋句方法〔J〕，湖北教育學院學報，2005（11）：25～28。